NITSCHKE · REISEN MIT DEM MOTORRAD

Reiner H. Nitschke

# REISEN
## mit dem
## Motorrad

**Amerika**
**Norwegen**
**Sizilien**
**Australien**
**Provence**
**Deutschland**

# Das Lied
# von der
# Landstraße

Kick den Motor an
und fahr raus
auf den Highway.
Dort wirst du
das Abenteuer finden
in allem,
was dir begegnet.

(Steppenwolf: „Born to be wild")

Die Poesie des Reisens
liegt nicht im Ausruhen vom heimischen
Einerlei, von Arbeit und
Ärger, nicht im zufälligen Zusammensein
mit anderen Menschen und im
Betrachten anderer Bilder. Sie liegt auch
nicht in der Befriedigung
einer Neugierde. Sie liegt im Erleben,
das heißt im Reicherwerden,
im organischen Angliedern von Neuerworbenem,
im Zunehmen unseres Verständnisses
für die Einheit im Vielfältigen, für das große
Gewebe der Erde und Menschheit,
im Wiederfinden von alten Wahrheiten
und Gesetzen unter ganz neuen
Verhältnissen. Dazu kommt das, was ich
speziell die Romantik des
Reisens nennen möchte: das Mannigfache
der Eindrücke, das beständige
heitere oder bängliche Warten auf
Überraschungen . . .

Hermann Hesse

Das Umschlagfoto zeigt die
State 190 hinter Stovepipe Wells
im Tal des Todes (Death Valley/Kalifornien).
Im »Organ Pipe Cactus«-Nationalpark
an der Grenze zwischen Arizona
und Mexico (Seite 4/5).
Kurz vor El Paso überrascht uns ein
heftiges Unwetter (Seite 6).

Mitarbeiter:
Ingrid Stimmer (Produktion/Text)
Willy Kosak (Textbeitrag Amerika)
Bernhard Wagner (Fotobeitrag S. 112/113,
116/117, 118, 120 und 122)
Alle anderen Fotos von Reiner H. Nitschke

Besonderer Dank für die freundschaftliche
Beratung gilt Uwe Höch

ISBN 3-87943-727-0
2. überarbeitete Auflage 1982
© by new book edition Reiner H. Nitschke,
Alte Schule, 5489 Dümpelfeld/Eifel
Nachdruck in Wort und Bild,
auch auszugsweise, nur mit Erlaubnis des Verlages
Druck: Görres-Druckerei GmbH, Koblenz

# Inhalt

# Durch rote Wüsten und Savannen

Erst im Jahre 1861 schaffte
der Forscher Robert Burke die
Durchquerung Australiens.
Seinen Sieg mußte er teuer bezahlen –
mit seinem Leben. Für
Motorradfahrer ist der fünfte
Kontinent noch heute ein Abenteuer.
Nur 100 Kilometer hinter der
dicht besiedelten Küste des Südwestens
beginnt der Outback und enden
die befestigten Straßen.
Wellblechpisten und knietiefer
roter Wüstensand stellen für
Mann und Maschine eine Herausforderung
dar. Auf den 10 000 Kilometern
durch die endlos weite Wildnis trifft
man immer wieder verwegene Gestalten.
Zum Beispiel die schrulligen
Opalschürfer von Coober Pedy, oder
die beinharten Trucker auf dem
Stuart Highway – aber auch die
herrischen Großgrundbesitzer deutscher
Abstammung und die von ihnen
gedemütigten Ureinwohner

Nach einem
Wolkenbruch nördlich
von Port Augusta
(1. Doppelseite).
Schattenspiel auf der
Sandpiste am Ayers
Rock (2. Doppelseite).
Nur die Sonne ist
immer dabei: Auf dem
Weg zu den Mt. Olgas
(3. Doppelseite)

Die Durchquerung
des fünften Kontinents
mit dem Motorrad
ist noch immer mit
Strapazen verbunden.
Nur mit einem
absolut zuverlässigen
Fahrzeug darf man
sich in die endlose
Weite des ‚Outbacks'
wagen.
Einst als Transport-
mittel aus Afghanistan
eingeführt, leben
heute riesige Kamel-
herden wild im heißen
Zentrum Australiens

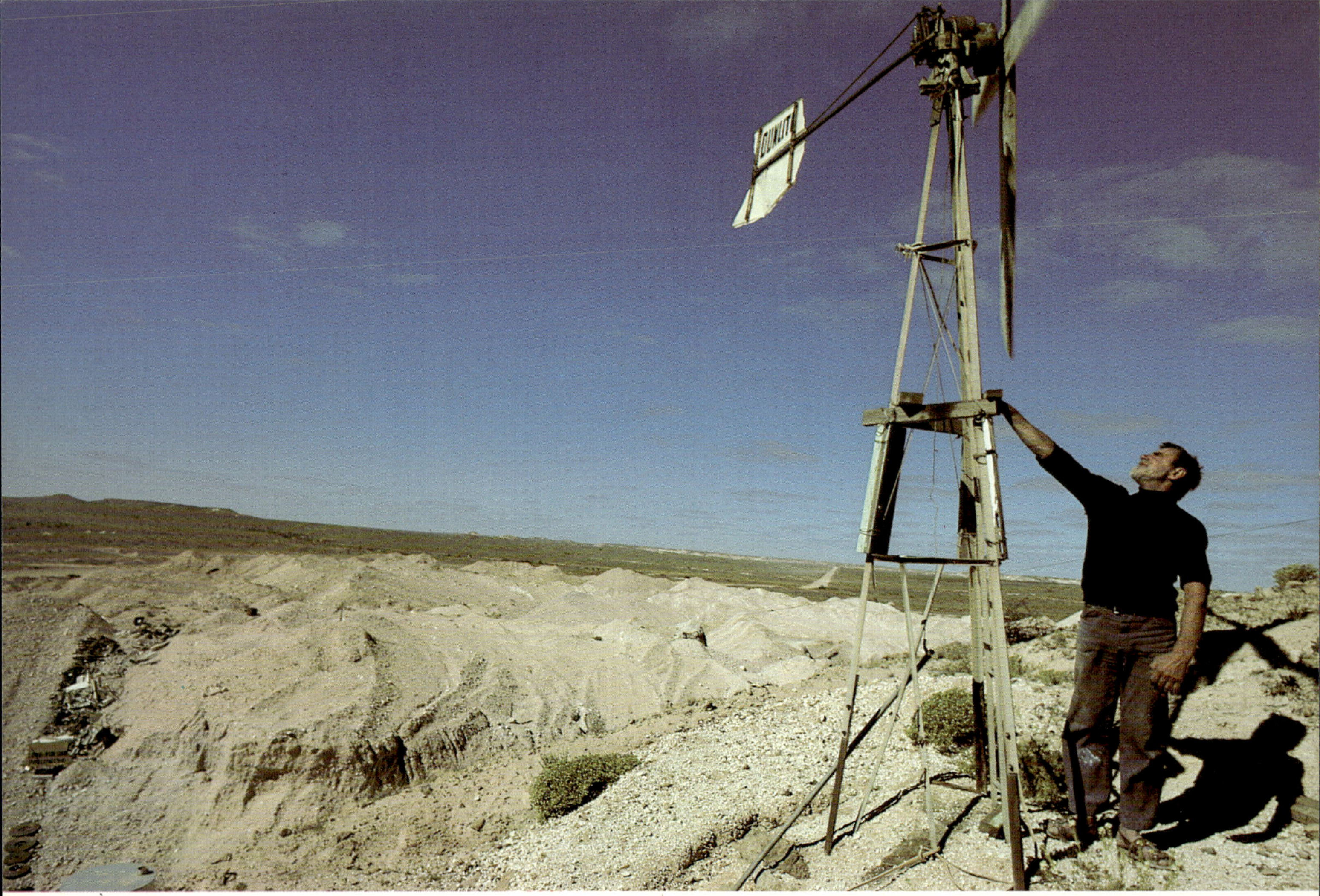

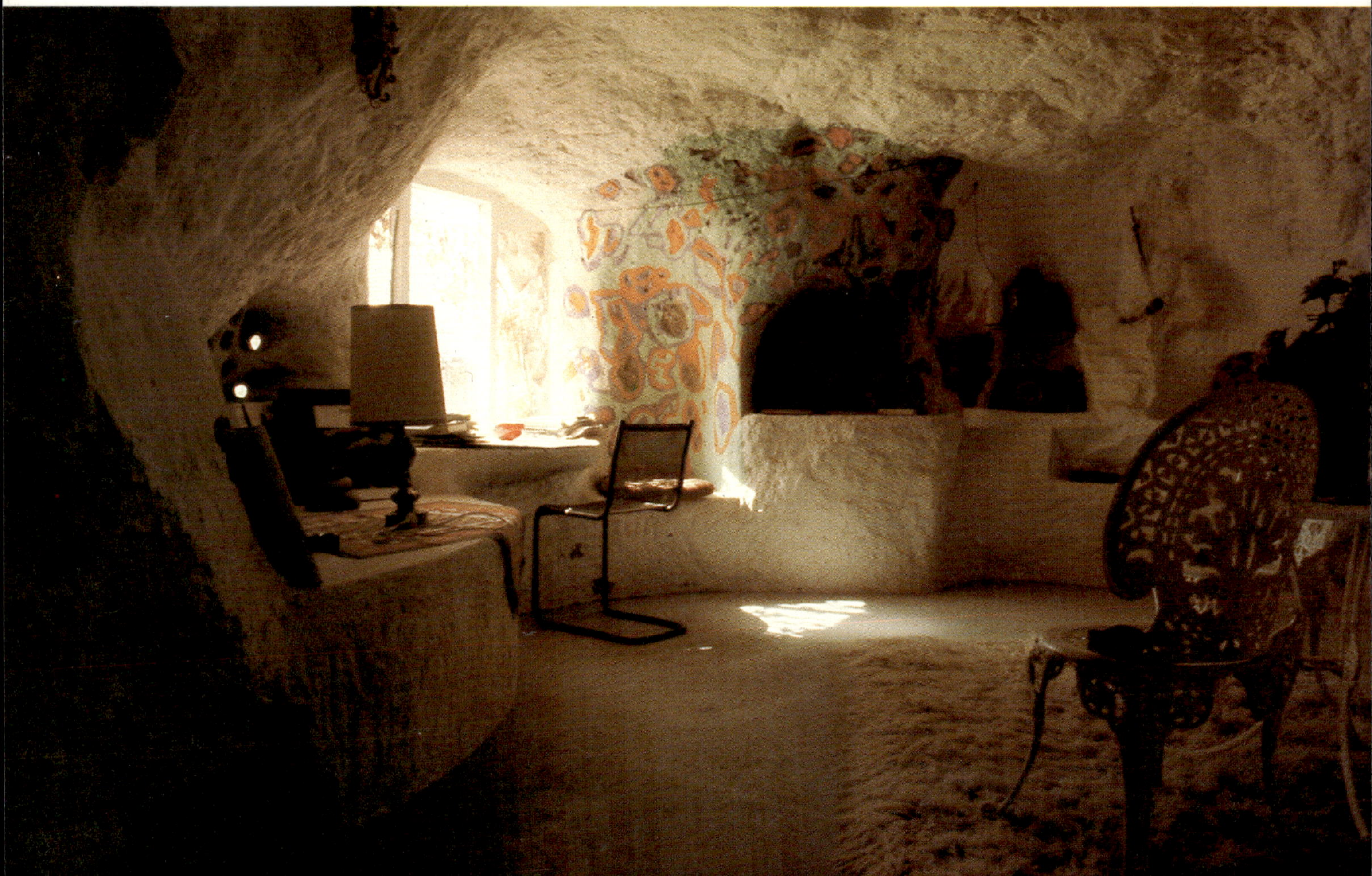

Einst war
fast ganz Australien
dichtes Buschland
(vorige Doppelseite).
Heute beherrschen
jedoch Halbwüsten
den Kontinent.
Am Rande der
Großen Victoria Wüste
liegt das größte
Opalfeld der Erde.
Abenteurer aus
aller Welt suchen
hier in Coober
Pedy ihr Glück. Aber
nur wenige wohnen
in derart romantischen
Erdhöhlen, denn
Funde wie dieser riesige
‚schwarze' Opal sind
auch in Australien
selten

Die Nacht im 'Outback' hat etwas Unheimliches an sich. Kaum ist die Sonne am Horizont verschwunden, streichen Dingos ums Zelt und stimmen die tropischen Zikaden ihr Lied an. Das geheimnisvolle Herz Australiens ist der Ayers Rock. Ich erreiche den größten Einzelfelsen der Erde kurz nach Sonnenuntergang (linke Seite). Am nächsten Morgen werde ich durch das prächtige Farbenspiel geweckt (folgende Doppelseite)

Ein sehr steiler Pfad führt auf den 370 Meter hohen Ayers Rock. Von hier oben hat man einen phantastischen Ausblick auf die – im Winter grüne – Wüste des Zentrums. Am Horizont erheben sich die Mt. Olgas. Von den Weißen vertrieben und verachtet, vom Alkohol degeneriert: Die schwarzen Ureinwohner fristen ein erbärmliches Dasein am Fuße ihres heiligen Berges

ABORIGINE AREA
DO NOT ENTER

Die letzten Abenteurer Australiens sind die Trucker. Ohne Rücksicht auf sich und die 400 PS starken Lastwagen, jagen sie ihre ‚Road Trains' nonstop über die Wüstenpisten. Besonders berüchtigt sind die ‚Cattle Trains' mit ihren bis zu sechs Anhängern. Für sie gibt es kein Bremsen. Wer ihnen in die Quere kommt, sollte dies wissen . . .

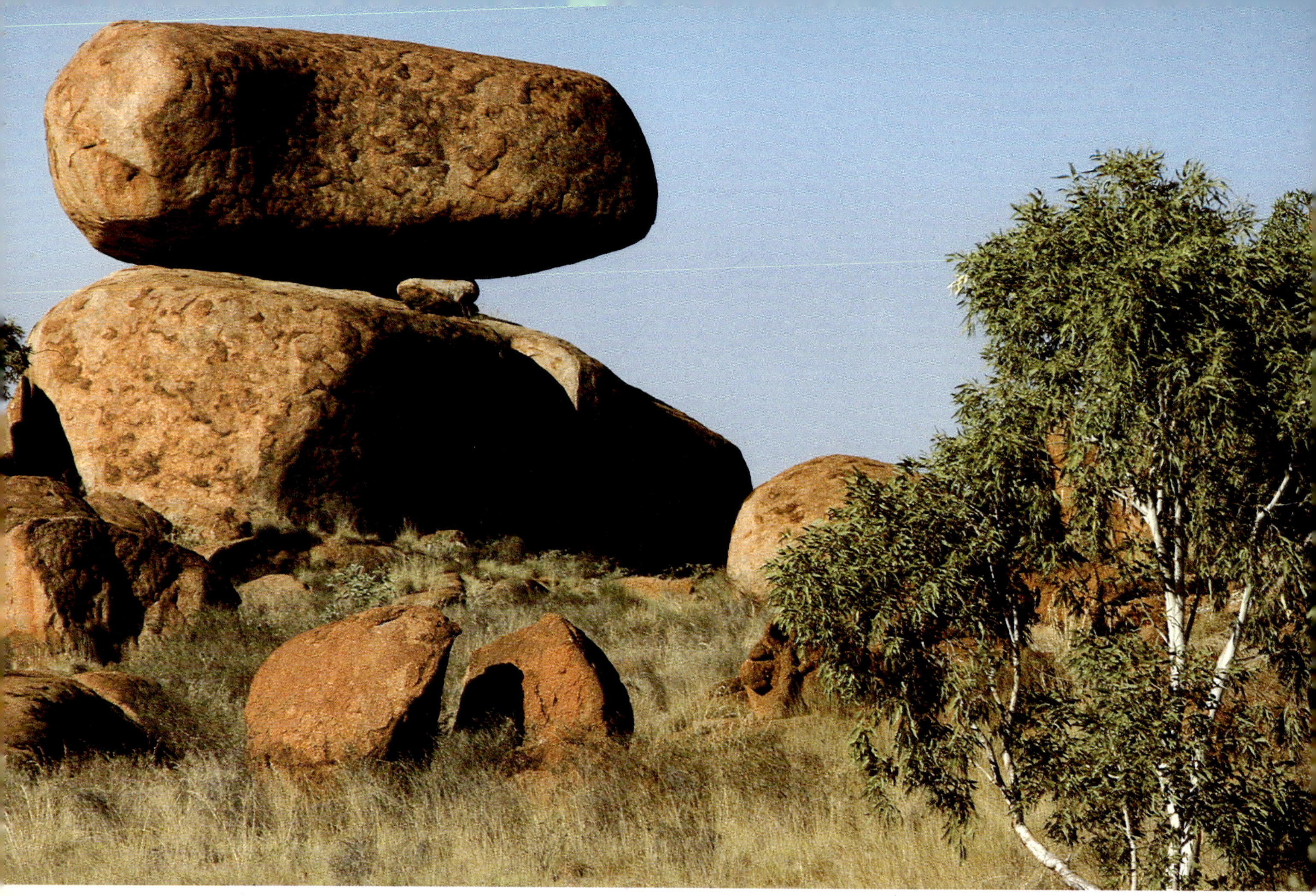

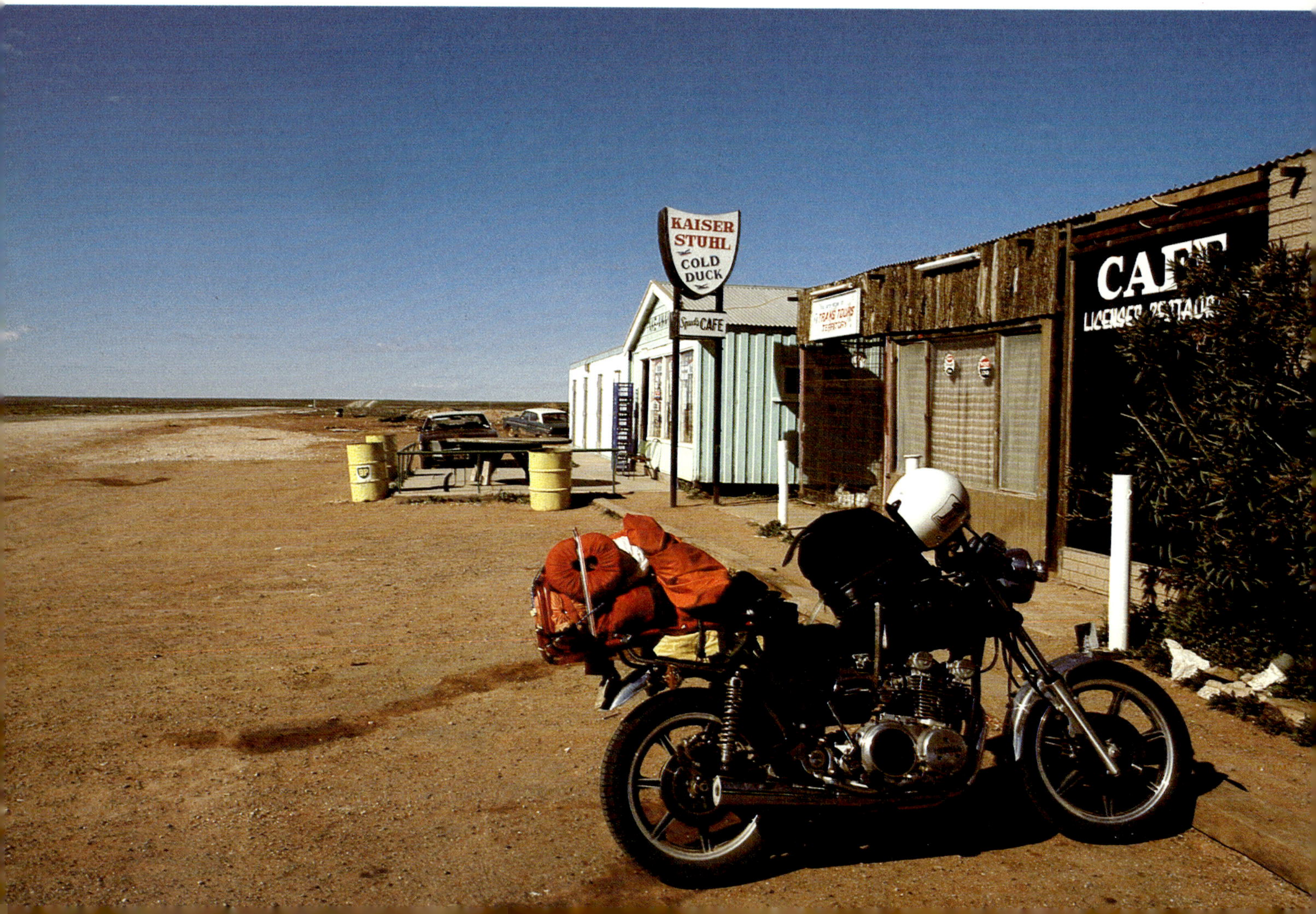
KAISER
STUHL
COLD
DUCK
CAFE
TRANS TOURS

## Schon der alte Baedecker wußte: Es ist eine neue Dimension des Erlebens, die sich beim Fahren an der frischen Luft eröffnet

Ben erzählt wieder von seinem Traum: „Ein Dieselmotor müßte es sein!" Über uns zirpen die Singzikaden. Neben dem spärlichen Lagerfeuer raschelt was. Ich zucke zusammen. Sehe mal wieder eine Schlange. Aber es ist nur der dicke Ast, den ich vorhin weggeworfen habe. Der Lärm der Zikaden nervt mich. „Ein Dieselmotor – das wär's. Der dürfte dann nur noch zwei Liter verbrauchen. Mit einem 20-Liter-Tank wären das 1000 Kilometer Reichweite". Ich nicke. Ein Bier wär mir jetzt lieber. Sogar ein australisches.

Ben rührt mit einem angespitzten Ast in seinem Blechtopf. Heute abend gibt's Reis. Es gibt jeden Abend Reis. Mal mit Hühnersuppen-Extrakt, mal mit Ölsardinen, mal pur. Heute sind die Sardinen dran. Es stinkt erbärmlich. Ben ist schon seit fünf Monaten unterwegs. Er ist Kanadier. Seine Honda 500 hat er gebraucht für 650 Dollar in Sydney gekauft. „Aber versichert hab ich sie in Victoria, da ist es billiger". Wer sich monatelang fern der Heimat durchschlagen will, muß sparen. Früh Müsli. Mittags Erdnüsse. Abends Reis. Sonntags Rosinen. Nur die Maschine, die säuft Benzin. Und zu Bens Leidwesen seit einigen Tagen auch Öl. Einen Liter auf 200 Kilometer. 45 000 Kilometer Sandpiste haben offensichtlich ganze Arbeit geleistet.

Ich komm mir vor wie ein Greenhorn. Meine Maschine braucht noch kein Öl. Und von Vogelfutter kann ich mich auch noch nicht so recht ernähren. Bin auch erst seit vier Wochen unterwegs. Viel mehr kann sich ein bürgerlicher Mitteleuropäer nicht leisten. Zumindest meint er das. Was machen sonst der Job? Die Geschäfte? Das Studium? Ben kann darüber nur noch lachen. Er hat seinen Dienst quittiert. Als Designer hat er Schlösser und Türgriffe entworfen. Ich muß immer lachen, wenn er ‚locks and door-knobs' sagt. Klingt doch komisch. Oder? Neben dem blonden Vollbart würde uns eigentlich nur wenig verbinden, ja – wenn wir nicht mit Motorrädern unterwegs wären.

Ich reise immer auf zwei Rädern. Seit sechs Jahren. Ich kann die Tage nicht mehr aufzählen, an denen ich diese Art des Reisens verflucht habe. Nur besonders markante Erlebnisse blieben in Erinnerung. Der Schneesturm kurz vor Hammerfest zum Beispiel. Dabei sollte es Sommer sein! Oder die bitterkalten Augustnächte in den Pyrenäen. Von den fast 50 Grad im kalifornischen Death Valley ganz zu schweigen. Und trotzdem. Stets ließen die gewonnenen Eindrükke keinen Zweifel: Beim nächstenmal wieder mit dem Motorrad! Das hat nichts mit dem PS-Fanatismus zu tun, der ungeachtet der Energieprobleme noch immer bei uns um sich greift. Sollen die doch rennen und rasen. Die Vorzüge des Motorrads liegen nicht im Kurvenschneiden oder Oma-Erschrecken. Nicht ohne Grund reiste schon der alte Baedecker auf einem Feuerstuhl durch die Lande.

Es ist eine neue Dimension des Erlebens, die sich beim Fahren an der frischen Luft bietet. In der Schutzlosigkeit stecken die Möglichkeiten. Die Chance, Natur unvermittelt zu erleben. Menschen kennenzulernen. Nicht abgeschirmt durch eine Haut aus Chrom und Stahl. Die da von ‚Marsmenschen' reden angesichts eines Motorradfahrers, sollen sich doch bitte mal die Blechkarossen anschauen, mit denen wir uns tagtäglich umgeben. Und in denen wir oft jede natürliche Beziehung zur Umwelt verlieren. Die Wand aus Glas und Blech schafft oft sogar ein Klima der Gewalt. Neugierige Blicke und Hände von Kindern und Halbwüchsigen werden mit Argwohn, ja Angst quittiert. ‚Liegt die Kamera noch auf dem Rücksitz?' Kommunikation mit Einheimischen reduziert sich meistens auf das Abfüttern mit Bonbons. Durch den schmalen Fensterschlitz geworfen. Zurück bleibt nur der Staub der durchdrehenden Gürtelreifen. Und verwunderte Kinderaugen. Waren das ‚Marsmenschen'?

Ich erinnere mich noch heute genau an die senegalesischen Kinder. Über eine versandete Wüstenpiste schlug ich mich bis zu einem Dorf in der

**Merkwürdige Felsformationen – wie hier die ‚Teufels-Murmeln' bei Tennant Creek – und weiße Eukalyptusbäume sind typisch für das Northern Territory, den nördlichen Bundesstaat. Der ‚Kaiserstuhl'-Wein ist nicht die einzige Erinnerung an die zahlreichen deutschen Einwanderer, hier an einem ‚Roadhouse' des 3000 Kilometer langen Stuart Highways**

# Der ‚Schatz der Regenbogenschlange' ist ein Exportschlager der Weißen. Die Rechte der Aborigines sind da nur Nebensache

westafrikanischen Savanne durch. Das Geländemotorrad schwänzelte atemberaubend hin und her. Die Wedelspur hinter mir hätte jedem Slalom-Skifahrer zur Ehre gereicht. Meine Ankunft glich einem kleinen Volksfest. Die Dorfbewohner sprachen noch weniger französisch als ich. Nämlich gar nicht. Aber die Verständigung war hervorragend. Es gab weder Bier noch eiskalte Cola. Dafür aber kochend heißen und unverschämt süßen Tee. Der war das beste Mittel bei 40 Grad im Schatten. Aber wer glaubt das schon hier? Bonbons hatte ich keine. Doch eine Fahrt auf dem Rücksitz der Maschine fand bei allen Kindern großen Anklang. Und förderte wenigstens nicht die Karies.

Aber nicht überall auf der Welt wird man so freundlich und unbefangen aufgenommen. Vor allem da, wo der ‚weiße Mann' mit Gewalt seine ‚Zivilisation' aufgebaut hat, passen Außenseiter nicht so recht ins Weltbild. Und Motorradfahrer gelten dort als Außenseiter. Wer Eingeborene wie sein Rindvieh behandelt, kennt auch kaum Baedecker. Ob in den Südstaaten der USA oder im Hinterland Australiens – Motorradfahrer werden hier mit Argwohn betrachtet.

Ben hat diese Erfahrung gemacht. „Sometimes I'm thinkin' the Aussies are bloody barbarians" lautet sein markantester Spruch. Ich übersetze ihn lieber nicht. Aber wer sich nur etwas mit dem Leben und der tragischen Vergangenheit der australischen Ureinwohner auseinandersetzt, findet an ihm etwas Wahres. Noch bis vor wenigen Jahren wurden die schwarzen Aborigines von den weißen Eindringlingen einfach abgeknallt. Der Landdiebstahl hat bis heute noch kein Ende

gefunden. Die Ureinwohner sehen darin nicht nur eine Einschränkung ihres Lebensraums, sondern oft auch die Verletzung von Tabus. So ging die Sage eines nordaustralischen Stammes, daß sich in einem Berg ein Teufelsschatz befände. Eine Regenbogenschlange läge darauf und würde ihn bewachen. Und wer der Schlange ihren Schatz entreißen würde, der werde Unheil über die ganze Menschheit bringen. Eben in diesem Berg bei Mt. Isa entdeckten die Weißen dann Uran . . . Heute gehört der tödliche ‚Schatz der Regenbogenschlange' zu den Exportschlagern der weißen Australier. Hauptsache Profit – die Menschenrechte der Aborigines sind nebensächlich. In einigen Gesprächen wurde mir klar, daß auch eine wachsende Zahl junger Weißer den Rassismus Australiens verabscheut.

Die europäischen Einwanderer stören sich an diesen Dingen meist wenig. Für sie ist Australien noch immer das Land der unbegrenzten Möglichkeiten. Zumindest für denjenigen, der hart anpacken kann.

„Ich bin in Lausanne mal am Preßlufthammer gestanden. Neun Stunden am Tag", erinnert sich Kurt. „Aber das war Kinderarbeit verglichen mit dem hier!" Der Schweizer macht eine Handbewegung Richtung Tür. Draußen vor dem ‚Roadhouse': Staub, Wind und nochmals Staub. Das ist der Stuart-Highway. Jene legendäre Landverbindung zwischen der Süd- und der Nordküste Australiens. Benannt nach dem Forscher John McDouall Stuart, der im Jahre 1862 im dritten Versuch die Durchquerung des fünften Kontinents schaffte. Von Skorbut befallen und halbblind von der Wüstensonne, mußte Stuart nach seiner Rückkehr allerdings erfahren, daß ihm der Ire Robert O'Hara Burke zuvorgekommen war. In den Genuß der von der Regierung ausgesetzten Belohnung kam aber Burke genauso wenig, da er auf dem Rückmarsch vom Golf von Carpentaria verdurstete. Ein Schicksal, dem übrigens noch heute übermütige Touristen erliegen. Kurt, der Schweizer Trucker, gibt mir denn auch den Rat, auf gar keinen Fall nachts zu fahren. „Da gibt es immer wieder unklare Abzweigungen. Unbeschildert. Wenn du da in die falsche Richtung fährst, findet dich keine Sau!"

Nun – die australischen Truckies fahren nachts. Sie kennen aber auch jede Kurve und jeden Busch im Schlaf. „Das sagt sich so leicht: Coober Pedy–Kingoonya 280 Kilometer. Wenn

**Nur wenige Kilometer nördlich von Alice Springs verläuft der Wendekreis des Steinbocks. Ab hier sinkt die Tagestemperatur selbst im Winter kaum noch unter 30 Grad. Tropische Vegetation gibt es allerdings nur im äußersten Norden. Das Bild links zeigt eine Urwaldstraße auf dem Weg nach Cairns**

# Kurt zeigt seine Hände: Dieses Waschbrett schlägt dir alles kaputt. Unerbittlich. Wie das Rattern eines Maschinengewehrs

der Highway in schlechtem Zustand ist – und wann ist er das nicht? – heißt das: 10 Stunden am Steuer. Ohne ein Fleckchen Zivilisation. Keine Tankstelle. Kein Pub. Einfach nichts!" Kurt zeigt seine geschwollenen Hände: „Dieses Waschbrett schlägt dir alles kaputt. Unerbittlich. Wie das Rattern eines Maschinengewehrs. Und alles nur, weil die Südaustralier zu faul sind, eine ordentliche Straße zu bauen. Im Norden ist der Highway geteert. Aber die 1300 Kilometer vom Northern Territory bis nach Port Augusta sind die Hölle!" Das australische Magazin ‚TRUCK & BUS' hat erst kürzlich wieder einen neuen Bus auf der berüchtigten Strecke getestet. Der verantwortliche Redakteur, ein Weltenbummler, der unter anderem schon von London nach Sydney gefahren ist, nennt den Stuart Highway schlicht und einfach ‚bloody dirt track'.

Eine Wahnsinns-Straße, die mit nichts zu vergleichen ist. Neben den ausgewaschenen Wellblechpisten gehört der sogenannte ‚bulldust' zu den gefürchteten Spezialitäten. Der ‚Bullenstaub' ist ein hauchfeines Talcum-Puder, das oft kraterähnliche Schlaglöcher verdeckt. Es bietet noch weniger Halt als der ohnehin schon rutschige rote Wüstensand. Abgeschlagene Räder, Achsen, Stoßstangen und Auspuffrohre zeugen von der Gefährlichkeit der oft harmlos aussehenden weißlich-grauen Pisten. „Aber jetzt im Winter geht das ja alles noch", fährt der vor 13 Jahren nach Australien ausgewanderte Schweizer fort. „Im Sommer, in der Regenzeit, kann es dir passieren, daß du innerhalb von 20 Minuten in einem Fluß fährst. Da kannst du nur noch beten und Vollgas geben!"

Vollgas sind bei den Kenworth-, Mack- oder White-Trucks immerhin 400 bis 450 Pferde, die durch den roten Sand stampfen. Da ist es kein Wunder, daß der Highway streckenweise nur noch einem tiefen Hohlweg gleicht. Rechts und links der Fahrspur haben die mannshohen LKW-Räder bis zu zwei Meter hohe Wälle aufgeschüttet. Eine teuflische Falle für Auto- und Motorradfahrer. Denn bremsen gibt es für die ‚Road Trains' nicht! „Das schlimmste wirst du im Norden erleben", warnt mich Kurt vor den ‚Cattle Trains', den endlos langen Viehtransportern. „Wenn dir so einer begegnet, gibt's nur eins: runter von der Straße!"

20 Meilen hinter Kingoonya: Plattfuß. Zuerst denke ich noch ‚verdammt tiefer Sand'. Aber in der nächsten Rechtskurve erscheint mir der Driftwinkel denn doch zu abenteuerlich. Nur mit kräftigem Gegenlenken bringe ich die vollbeladene Maschine wieder auf Kurs. Ein Blick zum Hinterreifen. Er scheint noch etwas Luft zu halten. Ich entschließe mich, nach Kingoonya zurückzufahren. Welch ein Glück, denn schon beim ersten Ansetzen verbiegen sich meine winzigen Montiereisen wie Gummi. Unwirsch stellt mir der Tankstellenbesitzer seine LKW-Montiereisen zur Verfügung. Aus dem gegenüberliegenden Pub kommt Tom angewankt. Ein Viehzüchter, der schon seit Stunden gegen den unerträglichen Staub des Highways ankämpft. Mit Bier, versteht sich. Er läßt sich nicht davon abbringen, mir zu helfen. Bevor ich ihn zurückhalten kann, packt er mit seinen Bärenpranken zu. Über die ein Zentimeter tiefen Riefen in der Leichtmetallgußfelge kann er nur lachen. Immerhin, nach nur zehn Minuten ist der Schlauch gewechselt. Ein zwölf Zentimeter langer, verrosteter Nagel hatte ihn ganz schön zerfetzt.

Obwohl die Sonne schon ziemlich tief steht, fahre ich weiter. Die ständigen Sandböen und eine Horde kläffender Köter machen Kingoonya zu einem ausgesprochen ungastlichen Flecken. Hier zelten? Nee! 60 Kilometer komme ich noch, dann ist es dunkel. Die Dämmerung ist in diesen Breiten nur sehr kurz. Coober Pedy kann ich für heute abschreiben. Meine erste Nacht im Outback beginnt. Bisher, auf der Fahrt von Sydney bis Broken Hill, hatte ich wegen der eisigen Kälte stets in Hotels geschlafen. ‚Hotels' sind hier Primitiv-Unterkünfte. Meistens direkt über einem Pub. Ohne Heizung und Wasser im Zimmer. Für 7 bis 10 Dollar die Nacht.

Diesmal suche ich mir nun einen Platz zum Zelten. Der Highway ist hier wieder von hohen Sandbänken begrenzt. Keine Möglichkeit rauszukommen. Endlich finde ich eine Ausweichstelle. Und direkt daneben ist sogar eine Wasserpipeline mit ‚Zapfhahn'. Ich mach mir's gemütlich. An diesem Abend kommt noch ein Truck vorbei. Schon etwa fünf Minuten vorher höre ich den bulligen Sound anschwellen. Es vergeht eine Ewigkeit, bis sich schließlich die Scheinwerfer auf mein Zelt richten. Durch die regelmäßigen Querrillen der Piste hört sich der schwere Lastzug wie ein Kettenfahrzeug an. Ein leichtes Erdbeben – dann ist der Truck vorbei. Es war der ‚Lindwurm', wie ich am nächsten Tag in Coober Pedy

# „Die sind gut organisiert. Mit Sprechfunk und Maschinenpistolen . . . Zuletzt haben sie mir Windrad und Generator gestohlen"

erfahren soll. Ein 40 Meter langer PKW-Transporter, der von einem deutschen Truckie über diese rote Knochenpiste gejagt wird. Hier kennt jeder jeden. Denn den Stuart-Highway steht nur eine Handvoll Hartgesottener über Jahre hinweg durch.

Coober Pedy: Es ist noch schlimmer als befürchtet. Staub, Dreck und wieder Staub. Zwei Motels, zwei Supermärkte, drei Tankstellen. Aus. Dazwischen noch ein Post-Office. Davor betrunkene Aborigines. Dafür bin ich so weit gefahren? Am Abend in der griechischen Kneipe lerne ich Herrie kenne. ‚Herrie the crocodile' wird er von allen genannt. Arvid Freiherr von Blumenthal ist sein bürgerlicher Name. Der Baron von Coober Pedy ist Lette. Mit 16 ging er zur Waffen-SS. Das war für ihn heroisch. Noch heute kommt er ins Schwärmen. Kein Wort über seinen verkrüppelten Arm. Eine Kriegsverletzung. In den 50er Jahren hat er im tropischen Norden Australiens Krokodile mit bloßen Händen erlegt. Als die Reptilien geschützt wurden, wechselte der Einwanderer die Jagdgründe. Jetzt schürft er im Süden nach Opalen. Fast 60 Prozent der gesamten Weltproduktion des zumeist blauen Edelsteins kommen aus Coober Pedy. Auch der Baron hat hier viel Geld gemacht. Vor einigen Jahren. Jetzt gibt er nur noch Geld aus. Es scheint, als ob ihn die Kräfte verlassen hätten. Er lebt nicht mehr in dieser Welt. Von dieser Welt sind dafür die Opal-Aufkäufer. Gerissene Geschäftsleute, die sich schon vor Jahren an der Sonnenseite Coober Pedy's angesiedelt haben.

Doch Herrie spricht nur von seinen „Freunden". Überhaupt paßt seine ruhige, sanfte Art nicht so ganz in mein Weltbild. Die Waffen-SS muß wohl anders gewesen sein. Spät in der Nacht fahren wir zusammen auf dem Motorrad raus zum Four-Mile-Claim. Hier besitzt Herrie zusammen mit seiner erst vor drei Jahren eingewanderten deutschen Frau einen bildschönen ‚dugout'. Mit einem Bagger hat der Baron die Hälfte des 50 mal 50 Meter großen Hügels regelrecht abgeschnitten. In die so entstandene Wand konnte er dann horizontal seine Tunnels hineintreiben. Wie viele Kollegen hat er den vorderen Teil der Mine später als Wohnung ausgebaut. Dank der weißgetünchten Wände sieht der ‚dugout' wie eine verzweigte Kalksteinhöhle aus. Mehrere kleine Fenster sorgen für ein angenehmes Licht. Nachts liefert ein Windgenerator Strom. Wasser

speichern die ‚miner' in riesigen Wellblechtanks. So leben die meisten Anwohner Coober Pedy's fast unabhängig.

Angefangen hat alles im Jahre 1915. J. R. Hutchinson war eigentlich auf der Suche nach Wasser. Stattdessen stieß er auf buntglitzernde Steine. Danach war es lange Zeit ruhig. Der richtige Boom setzte erst Anfang der 60er Jahre ein. Der Bayer Günther war einer der ersten. Herrie und ich besuchen ihn am nächsten Tag. „Zuerst haben wir uns ganz primitive Hütten aus Gras und Ästen gebaut. Wie die Aborigines, die schwarzen Ureinwohner", erinnert sich Günther an 1962. „Damals haben noch alle zusammengehalten. Wir waren vielleicht so 200 Mann." Heute sieht die Sache anders aus. Innerhalb der letzten drei Jahre hat sich die Bevölkerung Coober Pedy's von 4000 auf etwa 8000 verdoppelt. Genaue Zahlen kennt keiner. Denn eine Meldepflicht gibt es hier nicht. Man rechnet daher auch mit ca. 2000 illegalen Ausländern. Mit Aufenthaltsgenehmigungen geizt die von Inflation und Wirtschaftskrise gebeutelte Regierung seit zwei Jahren. Wohl gerade deshalb ist der anonyme Untergrund von Coober Pedy ‚Licht für die Motten'.

Mit nur 10 Dollar für die Schürflizenz und 8 Dollar für vier Holzpflöcke ist man dabei. Alles am Ort im ‚miners office' und im ‚miners store' erhältlich. Auf den freien Feldern darf man überall seinen Claim abstecken. Ein Landvermesser trägt dann den 50 mal 50 Meter großen Flecken ein. Grenzstreitigkeiten gehören trotzdem zum Alltag, wenn in Randzonen Opal gefunden wird. „Du mußt schon aufpassen, daß dir dein Nachbar nicht deine Mine anbohrt", erzählt Herrie und Günther fährt fort: „Ich habe vom Graben die Schnauze soll. Dreimal bin ich schon ausgeraubt worden. Wenn du in der Mine bist, räumen sie dir den ‚dugout' aus. Bist du in der Wohnung, klauen sie dir die Mine leer. Du weißt zwar, wer es war, kannst es aber nicht beweisen. Die sind gut organisiert. Mit Sprechfunk und Maschinenpistolen . . . Zuletzt haben sie mir Windrad und Generator gestohlen. Die Polizei zuckt nur mit den Achseln!" Seit drei Jahren sitzt Günther daher nur noch an der Schleifmaschine. Schmetterlinge aus Opal sind seine Spezialität. „Die meisten davon gehen nach Pforzheim!" Trotzdem kann sich der Münchener kein anderes Leben mehr vorstellen. In Deutschland war er Fabrikarbeiter. „Wieder Stechuhr? Nee – nie im Leben!"

## Immer wieder muß ich Rinderherden, Känguruhs und jede Menge Wildkaninchen ausbremsen. Die ersten Dingos kreuzen den Weg

„Wenn ich auf Besuch in München bin, fragen mich meine Geschwister: ‚Sag mal, wenn du bei dir aus dem Fenster schaust, was siehst du eigentlich?' Da sag ich dann ‚Nichts', einfach ‚Nichts'". Günther lacht und deutet zum Horizont: „Oder siehst du was?" Also ehrlich gesagt, er hat recht: kein Berg, kein Baum, kein Haus, kein Fluß. Nichts. Günther spricht mir aus dem Herzen. Schien mir schon Nordamerika ein Land mit endlosen Entfernungen zu sein, so ist Australien noch eine Steigerung. Besonders berüchtigt ist die ‚Nullarbour Plain' im Südwesten des Kontinents. Die ‚Ebene ohne Bäume' erstreckt sich über 1500 Kilometer entlang der Küste. Durchzogen von einer Straße und einer Eisenbahnlinie. Der Schienenstrang führt hier über die längste Gerade der Welt: fast 1000 Kilometer lang. Immerhin brauchen sich die Lok-Führer nicht mit Wellblech und Sanddünen herumzuplagen.

Gleich hinter Coober Pedy stoße ich dafür auf das schlimmste Stück des Stuart Highways. ‚Bulldust' und Querrillen. Mit zusammengepreßten Zähnen und fest gepacktem Lenker versuche ich die Maschine bei Tempo 80 zu halten. Darunter haut es mir die Lenkstange unweigerlich aus der Hand. Ständig schlagen Reifen und Federung durch. Vorn und hinten. Erstaunlich, was die Gußfelgen aushalten. Unglaublich überhaupt,

daß noch nichts am Motorrad abgefallen ist. Im Tankrucksack lösen sich die Objektive von den Kameragehäusen. Das Gestell des Kraxen-Rucksacks hat schon vor zwei Tagen seinen Geist aufgegeben. Es ist direkt hinter dem Sitzbankbügel rechtwinkelig runtergebogen! Knie und Ellenbogengelenke schmerzen brennend. Die Finger sind dick geschwollen. Aber das Motorrad läuft. Mit einer stoischen Gleichmäßigkeit. Ich fahre stets im fünften Gang. Der Dreizylindermotor zieht sauber und ruckfrei hoch: Voraussetzung für sicheres Fahren auf einem dirt track. Viel Freude bereitet mir der Kardanantrieb. Gar nicht auszudenken, wie mich eine offene Kette nerven würde!

Gegen Abend wird es wieder empfindlich kühl. 7 Grad Minus sind im Outback keine Seltenheit. Knallte am Nachmittag noch die Sonne mit etwa 30 Grad herunter, nähert sich jetzt die Temperatur schon wieder dem Gefrierpunkt. Mein Tagesziel heißt Victory Downs. Eine Cattle Station 300 Kilometer südöstlich vom Ayers Rock. Doch wieder überrascht mich die Dunkelheit. Da ich den ganzen Tag über nichts gegessen hatte und auch keinen Proviant mitführe, halte ich durch. Immer wieder muß ich Rinderherden, Känguruhs und jede Menge Wildkaninchen ausbremsen. Die ersten Dingos kreuzen den Weg. Der Highway scheint nachts beliebter Versammlungsort zu sein. Endlich um 22 Uhr treffe ich in Victory Downs ein. Elf Stunden ununterbrochen auf dem Motorrad. Total durchgefroren.

Der Sohn des Hauses schaut mich etwas spöttisch an und weist mehrmals nachdrücklich auf den horrenden Übernachtungspreis von 25 Dollar hin. Nicht etwa, daß er sich geschämt hätte – nein, er bezweifelt nur, daß ein dreckiger Motorradfahrer soviel zahlen könne. Ich knalle ihm einen 100-Dollar-Schein auf den Tisch und lasse mir das Zimmer zeigen. In einer unverputzten Gasbetonbaracke. Wie ein Motel angelegt. Offensichtlich will man Touristenbusse hierherbekommen. Ich stelle die Maschine vor die Tür, als die Matrone angedampft kommt. „Hat der schon bezahlt", flüstert sie ihrem Sohn zu. Gott sei Dank habe ich heute noch keinen Kaffee getrunken, sonst wäre er mir jetzt hochgekommen. „Frühstück um 7 Uhr", weist sie mich an.

Nach einer eiskalten Nacht trete ich um 7 Uhr 30 zum ‚Essenfassen' an. „Frühstück?", fragt mich die herrische Dame. „Ich habe ihnen doch

**Ben bei seiner täglichen Beschäftigung. Der Kanadier hatte mit seiner 500er Honda schon mehr als 45 000 Kilometer Sandpiste hinter sich**

# Australien ist nichts für Empfindsame. Das fängt schon beim ‚Schlachtfest' auf den Straßen an. Überall stinkt's nach Aas

gesagt um 7 Uhr". Erst glaube ich an einen Scherz. Doch dann merke ich, daß dies ihr Ernst ist. Für 25 Dollar! In einem Gnadenakt darf ich dann doch zusammen mit zwei Bediensteten frühstücken. Während im Umkreis von 100 Kilometern hunderttausende von Rindviechern umhertrotten, gibt es Cornflakes zum Frühstück. Sonst nichts. Weder ‚bacon' noch ‚Steak and eggs', die man sonst an jeder lausigen Tankstelle bekommt. Daß ich zum Abschied noch 42 Cents statt der üblichen 30 für einen Liter Sprit berappen muß, unterstreicht noch einmal die ‚Ausnahmestellung' von Victory Downs. Die Herren Großgrundbesitzer haben den Tourismus entdeckt . . . Aber sicher brauchen sie die leicht verdienten Dollars, um die ‚Komfortbehausungen' für ihre schwarzen Gelegenheitsarbeiter zu bauen. Während die Aborigines früher noch in ‚armseligen' Baumhütten lebten, hausen sie jetzt zwischen zwei aneinandergelehnten Wellblechen. Den Fußboden ‚komfortabel' mit Pappe ausgelegt. Aber Ironie beiseite: der Anblick dieses Elends, säuberlich hinter einem Hügel neben der Cattle Station verborgen, ist schockierend. Ich schäme mich, als ich einem schwarzen Familienvater einen Bumerang abkaufe . . .

Aber Australien ist nichts für Empfindsame. Das fängt schon beim ‚Schlachtfest' auf den Straßen an. Vor allem im Norden pflastern Rinder- und Känguruhleichen den Weg. Es ist nicht übertrieben: über allen Straßen liegt süßlicher Aasgeruch! Mindestens alle 100 Meter hacken widerliche Krähen an Kadavern herum. Jeden Abend hat man so über tausend überfahrene Tiere passiert. Allmählich habe ich meine Atemtechnik darauf eingestellt – rechtzeitig einatmen, Luft anhalten, langsam ausatmen. Mein Alptraum: in einer Senke zwischen zwei Kadavern ohne Benzin liegenzubleiben!

Auf meinem Weg bis zum Ayers bleibe ich von diesem typisch australischen Phänomen verschont. Erst im Norden auf den geteerten Straßen wird es unerträglich. Ich bringe es nicht fertig, anzuhalten und ein Foto zu machen. Möglichst noch mit Weitwinkel, dicht an den verwesten Rinderschädel heran. Ich käme mir pervers vor. Um so mehr Freude machen mir die lebendigen Känguruhs. Immer wieder hüpfen sie in etwa 100 Meter Entfernung neben mir her.

Die Piste von Victory Downs bis Curtin Springs ist in Ordnung. Mir kommt auf diesen 200 Kilometern kein einziges Fahrzeug entgegen. Ständig halte ich Ausschau nach dem Ayers Rock, diesem berühmten Felsen, der als das ‚rote Herz Australiens' bezeichnet wird. Aber ich bin noch weit entfernt. Stattdessen taucht zur rechten ein vollkommen flacher Tafelberg auf: der Mt. Connors. In Curtis Springs angelangt, tanke ich die Maschine für die letzten 80 Kilometer bis zum ‚Rock' auf. Leider gibt es nichts zu Essen hier. Aber ich habe mich ohnehin an Minirationen gewöhnt. Ein voller Magen würde auch kaum die barbarische Schüttelei auf diesen Straßen lange ertragen!

Das letzte Stück ist nochmals Knochenarbeit. Die einzige Zufahrt zu dem australischen Naturdenkmal wird natürlich auch von den riesigen, grauen Reisebussen frequentiert. Tiefe Versandungen sind die Folge. Erstmals werde ich überholt. Ein Greyhound-Bus kachelt mit 90 Sachen an mir vorbei. Ich im ‚Blindflug' hinterher. Der rote Monolith und die 27 Kilometer entfernten Mt. Olgas sind als Naturpark geschützt. Freies Zelten ist sinnvoller Weise verboten. Denn viele ‚Aussies' – wie die Australier sich oft selbst nennen – werfen ihren Müll einfach in die Botanik. Neben den Tierkadavern übrigens eine weitere ‚Zierde' der Landschaft. Zum ‚Müll' zählen die Outback-Bewohner auch ihre alten Autos. Und das ist durchaus nicht etwa die Ausnahme, wie man unschwer ca. alle 500 Meter erkennen kann. In Gesprächen wurde mir dies auch bestätigt: „Was soll's. Wenn dir die Karre hier verreckt, stehst du vor der Alternative, sie für ein paar 100 Dollar in die nächste Werkstatt zu schleppen, oder den Schrott einfach stehenzulassen!" Immerhin: Sie schieben die Wracks wenigstens noch von der Straße!

Etwa 300 Meter entfernt baue ich mein Dunlop-Zelt vor der Felswand auf. So kann ich das Farbenspiel beim Sonnenaufgang vom Zelt aus beobachten. Hatte ich bisher gedacht ‚Naja, das ist halt'n Fels, vielleicht ein bißchen rot' – so beeindruckt der Ayers Rock bei näherer Bekanntschaft ungemein. Spätestens bei der Besteigung. Da es in den letzten Jahren einige tödliche Abstürze gegeben hat, führt jetzt eine Eisenkette über das erste Steilstück. Endlich kommen meine mitgeführten Turnschuhe zum Einsatz. Denn nur mit rutschfester Sohle ist der Aufstieg empfehlenswert. Kaum zu glauben, daß 370 Meter so hoch sein können . . . Der von weitem wie ein

## Outback-Witz: Wenn dir jemand zuwinkt, brauchst du dir nichts einzubilden. Der vertreibt nur die penetranten Schmeißfliegen

Walrücken aussehende Berg entpuppt sich aus der Nähe als zerfurcht und abwechslungsreich. So auch auf dem Gipfel. Tiefe Einschnitte markieren die Oberfläche. Eine wundersame Mondlandschaft, die wie so viele australische Naturphänomene den Aborigines heilig ist. In einem dunkelgrünen Wassertümpel auf dem Ayers Rock vermutet die Sage sogar eine geheimnisvolle Schlange. Tatsächlich soll es in diesem nie austrocknenden Loch Fische geben. Ein ständiger Wind kräuselt die matte Oberfläche. Von hier oben wirken die 546 Meter hohen Felsen des Mt. Olgas wie kleine Murmeln.

Leider sind die Olgas nur mit einem Vierradantrieb zugänglich. Konventionelle Fahrzeuge können lediglich bis zum Valley of Winds vordringen. Für mich auf dem Motorrad stellt diese Piste allerdings schon das äußerste Extrem dar. Anfangs etwa 30 Zentimeter tiefer, loser Sand, später kopfgroße Felsen bilden den Weg. Das Gepäck habe ich gottseidank im Office des Campingplatzes deponiert. Wieder bleibe ich wie durch ein Wunder von einem Sturz verschont. Ein Glück, das mich bis zum Ende der Reise nicht verlassen soll.

In einer Kurve stoße ich erstmals auf Ben. Er steckt mit seiner CB 500 fest. Jeder Anfahrversuch endet genau rechtwinkelig zur Fahrtrich-

**Kein Benzin auf 375 Kilometer. Ohne Reservekanister ist diese Strecke nur durch eine extrem konstante Fahrweise zu schaffen**

tung und in einer gewaltigen roten Staubwolke. Immer wieder stellt sich die vollbeladene Maschine quer. Da Ben etwas zaghaft zu Werke geht, wage ich schließlich einen Versuch. ‚Driften lassen und Gegenlenken' hämmere ich mir ein und lasse das Gas stehen. Es klappt! Von jetzt an werden wir uns nicht mehr aus dem Auge verlieren, Ben und ich. Schließlich führt nur ein Weg in den Norden: der altbekannte, fürchterliche Stuart Highway.

Am nächsten Morgen liegen 250 Kilometer Sandpiste vor mir. Die Nordverbindung zwischen Ayers Rock und dem Highway. Von da an sind es noch weitere 280 Kilometer bis Alice Springs. Mein Tagesziel ist also gesteckt. Die einzige Zapfsäule zwischen hier und ‚Alice', wie die Australier die ehemalige Telegraphenstation nennen, soll in Mt. Ebenezer stehen. Das wird knapp! Nach 200 Kilometern kommt die einsam gelegene Cattle Station in Sicht. Die rote Piste weitet sich zu einem staubigen Vorplatz. Rechts steht die Benzinsäule. Es ist Mittag. High noon. Die Sonne knallt erbarmunglos auf die verbrannte Erde. Ich warte. Im Outback ist man weder sonderlich schnell noch ausgesprochen höflich. Wie ging noch der Witz? Wenn dir hier jemand zuwinkt, brauchst du dir nichts einzubilden. Der vertreibt nur die penetranten Schmeißfliegen!

Also warte ich und verbringe meinerseits die Zeit mit heftigen Handbewegungen. Aber schließlich nützt alles nichts mehr. Echte australische Fliegen lassen sich nicht vertreiben. Sie kriechen dir in Mund, Nase und Ohren. Es ist zum Verrücktwerden. Ich springe auf, schlage um mich und versuche verzweifelt, einen Station-Bewohner zu erspähen. Schließlich stoße ich die Tür zum Haupthaus auf. Drinnen sitzt eine Dame jüngeren Alters direkt am Fenster, damit beschäftigt, Fliegen zu verscheuchen, und den Motorradfahrer draußen vor dem Haus zu beobachten . . . Mein mühsames Lächeln weicht sogleich einem ziemlich dämlichen Gesichtsausdruck. „Sorry – no gas!" Kaum verwunderlich, daß es auch nichts zu essen und auch keinen ‚cold drink' gibt. Das Coca-Cola-Zeichen dient sicher nur als Wandschmuck.

Mit leerem Magen und fast leerem Tank verlasse ich den gastlichen Ort. In meinem Gehirn beginnen die grauen Zellen zu rotieren. Noch 330 Kilometer bis Alice. Im Tank könnten noch 6 Liter sein. Das hieße, ich darf nur 1,8 Liter auf 100

# Alljährlich werden die kräftigsten der wilden Kamelbullen zu beliebten Jagdopfern der wohlhabenden Farmer-Söhnchen

Kilometer verbrauchen. Unmöglich! Und wenn es nun doch noch 7 Liter sind? Dann wären es 2,1 Liter im Schnitt. Immerhin – jetzt bin ich am Highway. Nur noch 300 Kilometer bis Alice. Geteerte Straßen! Richtig schön geteerte Straßen! Mein Gott, könntest du's hier fliegen lassen! Zwei Stunden bis Alice wären kein Problem. Aber ohne Sprit?

Ich wage kaum noch, Gas zu geben. Lege mich ganz flach, so gut das eben geht mit Tankrucksack vorm Bauch und Gepäckberg im Rücken. Jetzt geht's sogar bergab. So könnte ich's schaffen. Wenn wenigstens endlich mal einer kommen würde! Aber nein: weder von vorn, noch von hinten. Naja, morgen müsste Ben vorbeikommen. Der könnte mich schleppen. Mittlerweile neigt sich schon die Sonne. Der Tacho zeigt konstant 60 km/h an. Die Straße ist endlos lang und fürchterlich gerade.

Da blitzt etwas im Rückspiegel. Kommt näher! Dröhnt erbärmlich und – schießt dann mit einem Affenzahn in halbem Meter Abstand rechts an mir vorbei. Ein Pickup, mit guten 150 Sachen. Immerhin – er ist an mir vorbei. Ich winke noch ziemlich hoffnungslos hinterher, als der Wagen 500 Meter vor mir in einer riesigen Staubwolke am linken Straßenrand verschwindet. Vollbremsung! Na, wer sagt's denn. Sind doch ganz nette Kerle, die Australier. Als ich den Wagen erreiche, bemerken mich die beiden Farmer allerdings gar nicht. Sie haben nur eine Kuh ,erwischt'! Für die beiden ist das Alltag. Kaum haben sie die Reste des Rindviehs aus dem Cowcatcher gekratzt, spuckt einer aus, nimmt einen Schlauch in den Mund, saugt Sprit an und ergießt dann den kostbaren Saft über meine schöne Yamaha. Ein, zwei Liter verdampfen zischend auf dem heißen Motor, dann trifft er endlich das Loch im Tank. Sein Kumpel zündet sich derweil eine Zigarette an. Ich lehne dankend ab. „Zehn Liter reichen", gebe ich zu verstehen. Wer weiß, was die mir da einfüllen. Wortlos stecken sie den 20-Dollar-Schein ein und verschwinden mit durchdrehenden Rädern.

Kurz vor Sonnenuntergang erreiche ich Alice Springs. Das heutige Zentrum des Outbacks liegt wunderschön in einem Durchbruch der MacDonnell-Ranges. Nur 10 Jahre nach Stuarts legendärem Gewaltmarsch von Adelaide nach Darwin wurde hier 1872 eine Telegraphenstation errichtet. Sehr bald kamen auch die ersten Siedler und

mit ihnen die Schafe. Heute sind diese Tiere im Outback verpönt. Sie haben nämlich das einstige Buschland vollkommen kahlgefressen. Eine Vernichtungsaktion, an der sich auch die von den Europäern eingeschleppten Kaninchen fleißig beteiligten. Mußten sich die Forscher Stuart, Giles und Burke noch durch dichtes Buschwerk und hohes Savannengras kämpfen, so ist Australiens Zentrum heute nur noch eine einzige Wüste. Die Ausrottung der schwarzen Ureinwohner, denen man damit ihre Jagdgründe zerstört hatte, war da nur noch logische Konsequenz. Unter den wenigen noch lebenden Aborigines gibt es heute praktisch keine reinrassigen mehr. Sie haben sich – mehr oder weniger freiwillig – mit den Eindringlingen vermischt, da vor allem die schwarzen Frauen den ,Eroberern' gerade recht waren. Bisweilen findet man sogar chinesische und afghanische Züge unter den Mischlingen.

Die Afghanen lebten hier Anfang des Jahrhunderts als gefragte Karawanenführer. Aus Vorderasien eingeführte Kamele waren damals nämlich das wichtigste Transportmittel. Sie wurden erst im Jahre 1929 durch den Bau der Eisenbahnlinie von Adelaide nach Alice Springs überflüssig. Während der letzte Karawanenführer 1970 im Altersheim in Alice starb, haben sich die damals ausgesetzten Kamele allerdings kräftig vermehrt. Ihre Zahl wird heute auf über 40 000 geschätzt. Diese völlig verwilderte Rasse wird so hoch bewertet, daß sich sogar die Araber gelegentlich einen australischen Zuchtbullen fangen.

Gleich auf meinem ersten Ausflug in die Umgebung von Alice stoße ich auf eine große Kamelherde. Zwei Stunden verbringe ich damit, die ungemein freundlichen – weil souveränen Tiere zu beobachten. Die kräftigsten Bullen erreichen gut und gerne eine Schulterhöhe von 4 Metern. Alljährlich werden sie zum beliebten Jagdziel wohlhabender Farmer-Söhnchen, die sich auf ihrem Rücken ein Rennen liefern. Das ,Camel Race' gehört zu den zahlreichen Attraktionen von Alice, ebenso wie das größte australische Rodeo und ein ,Bootsrennen' im ausgetrockneten Todd-River. Mangels Wasser besitzen die Ruderboote keinen Boden, so daß sich die Wettkämpfer samt ihrem Fahrzeug zu Fuß fortbewegen können . . .

Nur drei Stunden nach der Begegnung mit den gutmütigen Kamelen muß ich feststellen, daß längst nicht alle wildlebenden Tiere Australiens so ungefährlich sind. 50 Kilometer hinter der

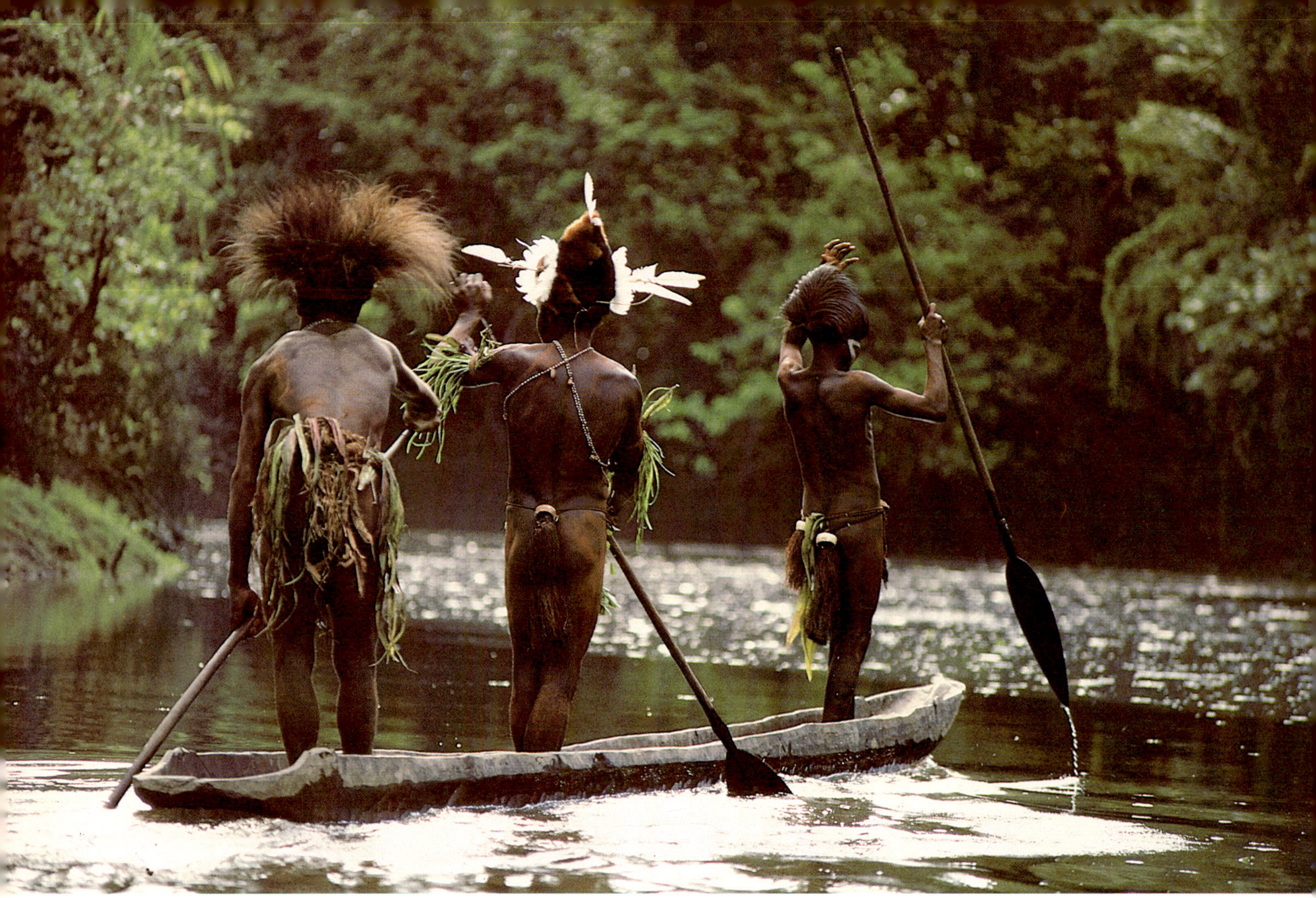

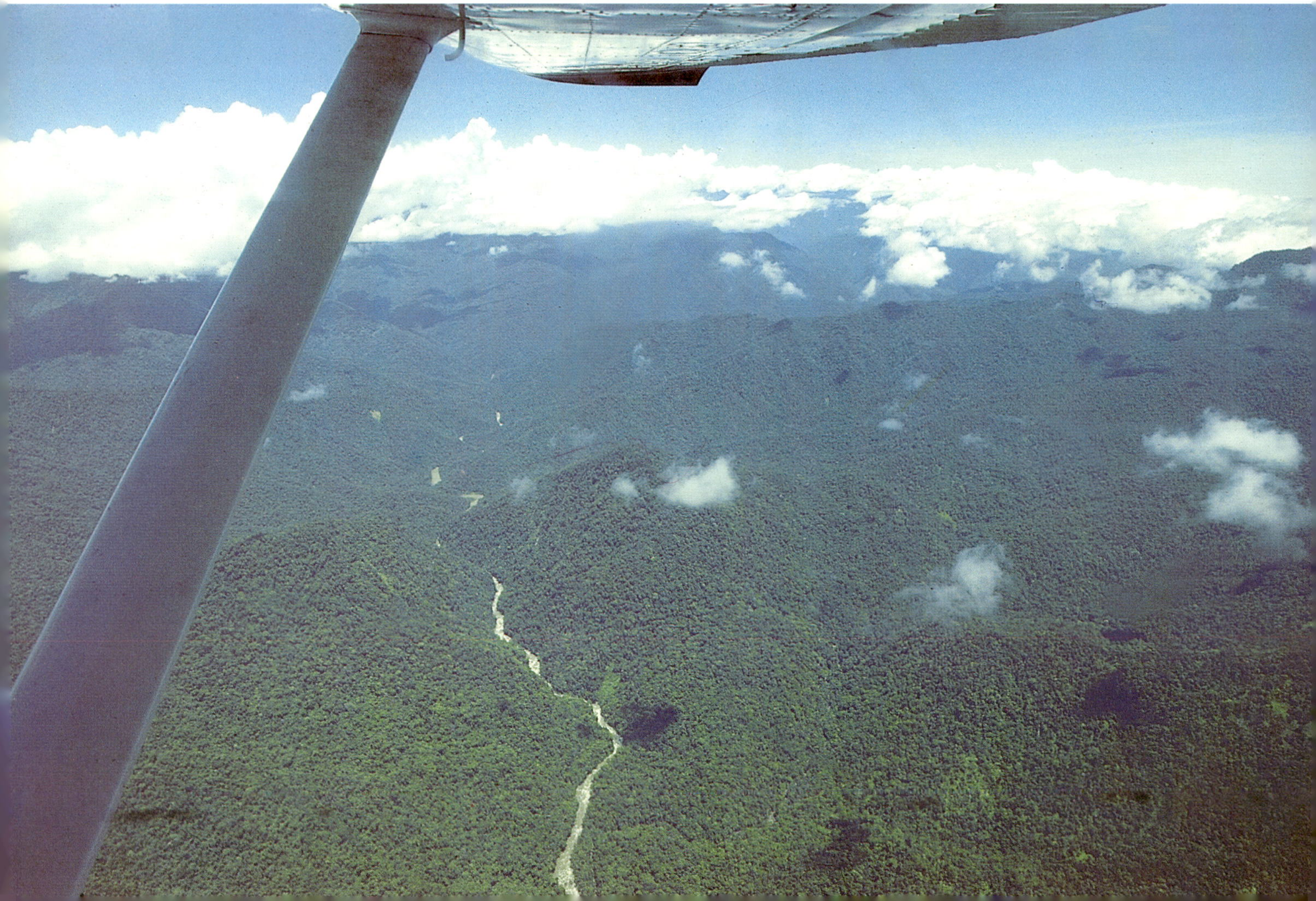

# Am nächsten Morgen ist der Spuk vorbei. Nur noch die völlig schief im Sand hängende Yamaha erinnert an ‚Broomies Bluff‘

ehemals deutschen Hermannsburg-Mission stoße ich auf eine Herde Wildpferde. Nur mühsam bringe ich die Yamaha im tiefen Sand zum Stehen. Ein struppiger Hengst versperrt mir den Weg. Hinter ihm spitzen vier Fohlen die Ohren. Das fünfte, etwas größere Pferd muß die Stute sein. Was ich auch tue, der Hengst läßt mich nicht passieren. Kaum starte ich den Motor, galoppiert er wütend auf mich zu.

Ich bin ganz offensichtlich Opfer eines berüchtigten ‚Broomies Bluff‘, wie die Outback-Bewohner sagen. Die Broomies (Wildpferde) sollen dabei selbst vor Autos nicht zurückschrecken. Nur selten soll es bei solchen Attacken jedoch zu Zusammenstößen kommen, da der Hengst haarscharf vor dem vermeintlichen Gegner abdreht – daher ‚Bluff‘. Nun, wer jemals gepokert hat, weiß, daß ein handfester Bluff schon eine unheimliche Wirkung haben kann! Ich bin jedenfalls trotz des nahenden Sonnenuntergangs schweißgebadet, wage mich kaum noch zu rühren. Selbst wenden kann ich in der verdammt tiefen Fahrrinne nicht mehr, ohne den Motor zu starten. Und das mag der Hengst gar nicht.

Zwei Stunden voller Anspannung verstreichen. Gelb-rot verschwindet die Sonne am Horizont. Schlagartig wird es kühler. Nur diese Biester rühren sich keinen Meter vom Fleck. Ich lasse die Maschine stehen. Beide Räder sind mittlerweile so tief eingesunken, daß die Yamaha nicht umkippt. Vorsichtig löse ich das Gepäck und schleiche mich hinter der Maschine davon. Der Hengst scheint jede meiner Bewegungen mit seinen Ohrenspitzen zu verfolgen. Endlich habe ich etwa 50 Meter geschafft. Unter einem Euka-

lyptusbaum schlage ich leise mein Zelt auf. Da es sich um das phantastische Dunlop-Zelt handelt, das auch Reinhold Messner auf seinen Touren einsetzt, geht dies binnen Sekunden. Und ohne das lästige Nägeleinschlagen. Als ich im Zelt sitze, muß ich doch erleichtert auflachen. So geht es eben einem blutigen Pferde-Laien.

Am nächsten Morgen ist der Spuk vorbei. Nur noch die windschief im Sand hängende Yamaha erinnert an ‚Broomies Bluff‘. Gottseidank ist kein Sprit ausgelaufen. So komme ich – diesmal ohne Probleme – zurück zur Hermannsburg-Mission. Hier kreuzt der älteste Fluß der Erde meinen Weg: der Finke. Fast das ganze Jahr über ist er, wie alle zentral-australischen Flüsse, ausgetrocknet. Sein Bett dient daher als Anfahrtsweg in das Palm Valley. Hier, zwischen den ältesten geologischen Formationen, scheint das Zeitalter der Dinosaurier überlebt zu haben. Neben den bis zu 300 Jahre alten Livistona-Palmen verleihen die Cycadeen – eine Zwischenstufe von Farnen und Palmen – diesem Tal eine eigenartige, ja vorsintflutliche Atmosphäre. Gespenstische Oase in einer endlosen Halbwüste.

Nördlich des Palm Valley haben sich die prähistorischen Flüsse der MacDonnell-Ranges noch weitere Schluchten gegraben. Standley Chasm gehört dazu. Einen ganzen Vormittag verbringe ich in dieser etwa 100 Meter tiefen Schlucht. Dunkle Tümpel, Echsen, Farne, Zykaden und Geister-Gummibäume regen meine Phantasie an. Wie müssen sich die weißen Forscher vor über 100 Jahren hier gefühlt haben? Gegen Mittag erstrahlen nicht nur die steilen Felswände in feurigem Rot. Auch die ‚Aahs‘ und ‚Oohs‘ der Touristen werden immer häufiger und lauter. Ich kehre zurück zur Maschine und erreiche am Nachmittag wieder Alice Springs. Den Rest des Tages nutze ich zu einem ‚folgenschweren‘ Informationsbesuch in einem Reisebüro. Ich erkundige mich nach den Einreisebestimmungen für New Guinea. Aber dazu später . . .

Ein paar Kilometer nördlich von Alice passiere ich den ‚Tropic of Capricorn‘, den Wendekreis des Steinbocks. Ich befinde mich in den Tropen. Und tatsächlich soll die heutige 530-km-Etappe bis Tennant Creek endlich die erhoffte Wende bringen. Ich fahre erstmals im T-Shirt. Es hat etwa 35 Grad. So läßt sich auch der Winter in Australien ertragen. Welch ein Kontrast zu den bitterkalten Tagen im Süden! Man darf sich natür-

**Die nordaustralische Stadt Cairns ist das ideale Sprungbrett für eine Reise nach Papua New Guinea. Billig ist dieser Trip in die ‚Steinzeit‘ allerdings nicht, denn in dem 1975 selbständig gewordenen Inselstaat kann man sich praktisch nur mit dem Flugzeug fortbewegen. Es gibt zwei Fluggesellschaften: Air Niugini, die auch nach Hongkong fliegt, und Tal Air, mit der man noch echte Buschfliegerei erleben kann (links). Noch immer sind viele Papuas ohne jeden Kontakt mit der ‚Zivilisation‘, so auch diese ehemaligen Kopfjäger im Regenwald des Sepik-River (links oben)**

## Lianen hängen bis auf die Fahrbahn. Allmählich weitet sich der Urwald und macht einer paradiesischen Hügel-Landschaft Platz

lich nicht vorstellen, daß nun plötzlich grüner Dschungel die Straße säumt. Nur das Buschwerk wird kräftiger und dichter. Dazwischen Weideland. Das Ende der ‚roten Wüste' ist erreicht.

Tennant Creek ist eine typische Goldgräberstadt. Ein Straßendorf in Western-Manier. Die Goldsucher haben ursprünglich etwas außerhalb auf einem Hügel gehaust, doch allwöchentlich wurde hier unten an der Straße eine LKW-Ladung Bier angeboten. Da hielt es keinen ‚Digger' auf dem Hügel. Schließlich hatte man ja eine Woche lang ‚gedurstet'. Das war 1930 auf dem Höhepunkt des Goldrauschs.

20 Kilometer hinter Tennant Creek erreiche ich den Truck-Stop ‚Three Ways'. Hier treffen sich die drei Straßen von Darwin, Alice Springs und Mt. Isa. Kurz nach Sonnenuntergang taucht zwischen den gewaltigen Cattle- und Road-Trains ein Motorrad auf. Es ist Ben, den ich vor einer Woche das letzte Mal am Ayers Rock gesehen habe. Gleich hinter dem Roadhouse schlagen wir unsere Zelte im Busch auf. Ich entfache kunstgerecht ein Lagerfeuer. Ben kocht Reis und erzählt von Darwin, der tropischen Hafenstadt im Norden. Wie er sein Zelt an einem der zahlreichen Flüsse in den Mangrovensümpfen des Arnhem Land aufschlug, und am nächsten Morgen zwischen Wasserbüffeln und Alligatoren aufwachte! Ben überredet mich, nicht nach Darwin zu fahren, sondern den Golf von Carpentaria und anschließend Cairns an der Nordostküste anzusteuern. Unbewußt kommt er damit meinen Gedankenspielen der letzten Tage entgegen: Denn Cairns ist das beste Sprungbrett nach Papua New Guinea!

Unter der Erde von Coober Pedy, im dugout von Martha und Harry, wurde ich erstmals mit dieser Idee konfrontiert. Ein in Brisbane lebender deutscher Lehrer schwärmte mir von New Guinea vor. Er hat jahrelang Kinder deutscher Missionare unterrichtet und war daher mehrmals auf dieser geheimnisvollen Insel, die sich vor der Nordküste Australiens erstreckt. Ich hatte diesen Gedanken sehr schnell wieder verdrängt – bis zu dem erwähnten Besuch im Reisebüro in Alice ...

Erst hinter der Kupfer- und Uranstadt Mt. Isa soll sich unser Wunsch nach landschaftlicher Abwechslung erfüllen. Ein Hauch Griechenland liegt über den verbrannten Bergen. Wir genießen die herrlichen Kurven, bevor wir in Cloncurry wieder in eintöniges Busch- und Weideland ein-

tauchen. Auch der Golf soll unsere Vorstellungen von den Tropen nicht befriedigen. Die Mangrovensümpfe erinnern mich bestenfalls an Südflorida. Um so begeisterter sind wir dann vom Tableland. Bei Boomerang schlagen wir erstmals unsere Zelte unter Lianen auf. Der aus dem Mini-Kassettenrecorder sinnierende Leonard Cohen kommt nicht mehr gegen die unglaublich lauten Singzikaden an. Endlich sind wir im Urwald!

Der nächste Tag soll die bisher schönste Fahrt bringen. Auf engen Serpentinen schlängeln wir uns hinab zur Pazifik-Küste. Teilweise ist die Straße so zugewachsen, daß wir wie durch einen Tunnel fahren. Die Lianen hängen bis auf die Fahrbahn. Allmählich weitet sich der Urwald und macht einer paradiesischen Hügellandschaft Platz. Riesige Zuckerrohrfelder verbreiten einen süßlichen schweren Geruch. Endlich erreichen wir Cairns. ‚Cairns', das ist für viele Australier – vor allem im Süden – ein Zauberwort. Nach einigen Tagen können wir das voll verstehen. Es ist nicht nur die Jahresdurchschnitts-Temperatur von 30 Grad, nicht nur der herrliche weiße Sandstrand mit den davorliegenden Korallenriffen; es ist die ganze Atmosphäre dieser Stadt. Man hat das Gefühl, daß sich hier all die Australier angesammelt haben, denen die Sturheit und der Konservatismus des Südens zum Halse heraushing. Vergleiche mit dem Kalifornien der USA drängen sich auf.

Nur eins ist wie im Süden: Um 22 Uhr gibt es kein Steak mehr, keine Pizza und auch kein Bier. Die Bürgersteige werden ‚hochgeklappt'. Wir fahren ein letztes Mal hinaus zum Strand und machen ein kleines Feuer. Leonard Cohen schweigt heute und Ben philosophiert wieder über sein Diesel-Motorrad. Doch ich bin schon im Geiste auf New Guinea ...

**Beste Reisezeit:** Für den Süden November bis Mai (Sommer), im Winter kann es hier schneien. Die Halbwüsten im Zentrum bereist man in der trockenen Jahreszeit (Juni bis Oktober), allerdings kann es nachts empfindlich kalt werden. Im Sommer dagegen sind Temperaturen um 50 Grad keine Seltenheit. Außerdem fallen dann die einzigen Niederschläge im Zentrum. Am freundlichsten ist der tropische Norden mit ganzjährigen Temperaturen um 30 Grad. Besonders empfehlenswert hier der trockene Winter (Juni bis Oktober).

**Anreise:** Flug Frankfurt-Sydney oder Melbourne oder Perth, hin und zurück, APEX-Tarif, ab DM 2.500,–.
Billigste Verbindung nach New Guinea: Cairns-Pt. Moresby mit Air Niugini für ca. DM 600,– (hin und zurück).
Seetransporte von Motorrädern nach Australien führt die Firma Kühne & Nagel durch, Motorstr. 8, 7000 Stuttgart 31, Tel. 0711/88061.
Ein Transport von Mann und Motorrad auf Frachtschiffen nach Australien ist möglich bei der Polish Ocean Lines, Ost-West-Str. 59, 2000 Hamburg 11, Tel. 040/37050.
Angesichts der hohen Transportkosten empfiehlt sich der Kauf einer gebrauchten Maschine in Australien. In Melbourne und Sydney gibt es zahlreiche Händler, mit denen man auch gleich einen Rückkauf vereinbaren sollte.

**Einreise:** Reisepaß, Visum (bei der australischen Botschaft, Visumabteilung, Hohenzollernring 103, 5000 Köln 1, beantragen), Führerschein und internationaler Führerschein.
Wer ein australisches Visum hat und von Australien aus in Papua New Guinea einreisen möchte, braucht kein Visum. Jedoch sollte unbedingt an die Malaria-Prophylaxe gedacht werden. Das derzeit modernste Präparat ‚Fansidar' braucht

# Australien – Sonderflüge schon ab 2500 Mark

erst am Tag der Anreise eingenommen werden.

**Verkehr:** In Australien herrscht Linksverkehr! Die zulässigen Höchstgeschwindigkeiten sind von einem Bundesstaat zum anderen unterschiedlich.

**Währung:** 1 australischer Dollar = 2,51 DM (Stand 9/82). Euroschecks und Eurocard werden selten akzeptiert. Empfehlenswert sind Travellerschecks in deutscher Währung.

**Information:** Australische Fremdenverkehrszentrale, Neue Mainzer Str. 22, 6000 Frankfurt 1.

**Allgemeines:** Australien ist ein ideales Land für ‚Wildzelter'. In den kleinen Ortschaften des Outbacks bieten sich auch die billigen und volkstümlichen

Hotels an (Zimmer ab 20 Mark).

**Literaturhinweise:** Polyglott Australien, DM 5,80.
Mai-Auslands-TB Australien (mit Stadtführer Sydney), DM 28,90
Merian Australien, DM 8,80
Time-Life-Buch: Der Australische Busch, DM 36,–
Jeff Carter's new guide to Central Australia, Seal Books, 3,95 Dollar (sehr empfehlenswert)
Douglas Lockwood: I, the Aboriginal, Seal Books, 3,50 Dollar
Ure Smith: This is Australia, 9,95 Dollar (empfehlenswert)

**Landkarten:** Greg. 150, 1 : 4,5 Mill., Map of Australia, DM 13,50
Ravenstein, 1 : 6 Mill., DM 8,80
Bartholomew, World travel Map Australia, 1 : 5 Mill., DM 9,80
An australischen Shell-Tankstellen gibt es ausgezeichnete Karten in verschiedenen Maßstäben, die auch Auskunft darüber geben, welche Straßen geteert bzw. nicht geteert sind.

**Sizilien**

# Wo die Mafia nur noch Legende ist

Wer im Urlaub nur seine Vorurteile kultivieren möchte, sollte Sizilien meiden. Denn es gibt dort tatsächlich Bergdörfer, die unter ihren eigenen Müllhalden zu verschwinden drohen. Und es gibt sicher auch – wie bei uns – das ein oder andere Schlitzohr, das einem die ‚Deutschmark' aus der Tasche zieht. Aber die Insel im Süden Europas bietet dem offenen Besucher auch ganz andere Seiten. Wir haben sie außerhalb der Hauptsaison kennengelernt. Die Gastfreundschaft der Sizilianer, die Qualität ihrer Küche und die Stätten ihrer griechisch beeinflußten Kulturgeschichte. Und wer gerne auf einsamen Naturstraßen Motorrad fährt, findet rund um den Ätna, dem König der Vulkane, die Erfüllung seiner Urlaubswünsche. Picknick zwischen Orangenbäumen und Kakteen eingeschlossen

Auf der Lava-
Piste zum Ätna hinauf
(1. Doppelseite).
In den Bergdörfern
Siziliens ist der
Esel noch Transport-
mittel Nummer eins,
wie hier kurz vor Enna
(vorige Doppelseite).
Wer die schönsten
Straßen am Ätna finden
will, braucht eine
gute Karte. Der 3300
Meter hohe Gipfel
des mächtigen Vulkans
umgibt sich stets
mit einer Wolke aus
Wasserdampf (links).
In 3000 Meter
Höhe erstreckt sich
dieses breite
Lavafeld (unten)

In engen Kehren
fahren wir hinauf nach
Forza d'Agrò, das
sich stolz über das
ionische Meer erhebt.
Mit Skepsis betrach-
ten wir die roten
Früchte der Kakteen.
Doch sie schmecken
überraschend gut.
Holprige Karrenwege
führen oft auf ver-
lassene Plantagen,
deren Besitzer ins
Touristengeschäft um-
gestiegen sind
oder vielleicht als
Gastarbeiter in
Deutschland arbeiten

# Die Piste wird noch steiler und rutschiger. Drei Meter hohe Pfähle markieren den Weg zum Gipfel. Wir haben es geschafft

In 3000 Meter Höhe stoßen wir durch die Wolkendecke. Unter uns liegt naßkaltes Grau, vor uns der 3300 Meter hohe Gipfel des mächtigsten Vulkans Europas: der Ätna. Die gleißende Nachmittagssonne blendet uns. Mit durchdrehenden Hinterrädern kämpfen sich die Motorräder durch die feingemahlene Lava der Jeep-Piste. Wenige Meter vom Hauptkrater entfernt stellen wir die BMW R 100/7 und die Kawasaki Z 1000 ab. Sie haben ihr Bravourstück bestanden. Und auch ihre Fahrer, deren Gesichter vom Schweiß und Lava-Staub gezeichnet sind.

Die letzten Schritte bis zum Kraterrand kosten viel Kraft. Nicht nur die relativ schnell erklommene Höhe, vor allem die beißenden Schwefeldämpfe machen das Atmen beschwerlich. Dafür werden wir durch den Anblick der leibhaftigen Hölle entschädigt. Wer jemals in die Tiefe des Feuerbergs geschaut hat, versteht, warum der Ätna in alten Schriften ‚der Unheimliche‘ genannt wird. Da kocht und brodelt, dampft und spuckt es. Die dünne Rauchsäule, die aus dem Krater steigt, reflektiert die Glut im Höllenschlund und strahlt gespenstisch rot.

‚Größter tätiger Vulkan Europas‘ nennt das Lexikon den Ätna auf Sizilien. Schon vor Beginn unserer Reise hatten wir uns vorgenommen, diesen Vulkan mit unseren Motorrädern zu erklimmen. Das stellte sich jedoch als gar nicht so einfach heraus. Erklären Sie mal einem sizilianischen Touristenführer, daß Sie mit dem Motorrad eine Strecke fahren wollen, die selbst den Geländewagen der Bergführer enorme Schwierigkeiten bereitet: 30 Kilometer Lava-Piste, rutschig, steil und gefährlich. „Das war ja noch nie

da, ihr seid wohl verrückt?“, wollten uns die Sizilianer abwimmeln: „Die Straße ist für jeglichen Privatverkehr gesperrt und außerdem würdet ihr auch niemals heil oben ankommen!“

Zugegeben, unsere drei 1000-ccm-Brocken waren wirklich nicht gerade ideal für diesen Trip. Und trotzdem wollten wir es versuchen. Wir ließen nicht locker und während einige italienische Touristen bereits Wetten abschlossen, daß wir es nie schaffen würden, gelang es uns schließlich, die Männer an der Bergstation umzustimmen: wir hatten die Genehmigung! Schon nach den ersten fünf Kilometern sehnten wir uns nach einer kräftigen, handlichen Geländemaschine. Am schwersten hatte Karl-Heinz zu kämpfen, der, in den Fußrasten der Honda Gold Wing stehend, die mit 295 kg bei weitem schwerste Maschine nach oben bringen mußte. Kurz hinter dem großen Lavafeld, etwa noch 10 Kilometer vor dem Gipfel, gab dann die geschundene Gold Wing den Geist auf: die Kupplung quittierte den Dienst. Nichts ging mehr. „Der Rückweg kann ja heiter werden“, sagte Karl-Heinz und lehnte den Koloß an einen Lava-Felsen.

Mit der BMW und der Kawasaki nahmen wir die letzten Kilometer in Angriff. Die Piste wurde noch steiler, rutschiger. Drei Meter hohe Markierungspfähle – so hoch liegt hier im Winter der Schnee – führten uns bis zum Gipfel. Wir hatten es geschafft. Eisige Kälte empfing uns, nur wenig gemildert durch die Wärme, die das Lavagestein abstrahlt.

Stundenlang laufen wir zwischen den Felsformationen umher. Obwohl die letzten Touristen, die mit Jeeps hier heraufgefahren werden, längst wieder unten an der Bergstation sind, wollen wir noch den Sonnenuntergang miterleben. Das Wolkenmeer am Horizont strahlt zuerst golden, schließlich rosa-violett, und dann ist die Sonne binnen Sekunden verschwunden. Eis überzieht die Handgriffe und Sitzbänke der Maschinen. Kälte schüttelt uns unter der verschwitzten Motorradkleidung. Damit haben wir nicht gerechnet! Fasziniert vom Farben- und Lichtspiel an den schwefelgelben Kraterwänden haben wir gar nicht an den komplizierten Rückweg gedacht.

Trotz des Kälteeinbruchs springt die Kawasaki sofort an. Auch die BMW schüttelt sich nach dem üblichen Anlasser-Orgeln. Die Scheinwerfer haben den Aufstieg zum Glück heil überstanden und so machen wir uns auf den Weg. Nach

**Syrakus hat eine große Vergangenheit. 733 v. Chr. wurde diese Stadt von den Griechen gegründet. Noch heute zeugen nicht nur das große Amphitheater, sondern auch prachtvolle Bürgerhäuser von diesen Zeiten, in denen Syrakus Zentrum der griechischen Antike war**

# Geschützt durch einen Asbest-Anzug und ein Atemgerät, wagte sich der Ätna-Bergführer erstmals auf den Grund des Vulkans

einer halben Stunde etwa haben wir die defekte Gold Wing erreicht. Die Kupplung hat sich erwartungsgemäß nicht mehr erholt. Jetzt kommt die Moto-Cross-Erfahrung von Karl-Heinz zum Einsatz. Mit viel mehr Schwung, als ihm lieb ist, poltert der antriebslose Koloß talwärts. Wir folgen ihm in angemessener Entfernung, denn eine Vollbremsung wäre auf dem rutschigen Geröll nicht drin. Über das fast ebene Lavafeld schieben wir mit vereinten Kräften, bis die Honda wieder von alleine rollt. Nach zwei weiteren Stunden erreichen wir in mittlerweile völliger Dunkelheit die Bergstation. Karl-Heinz rollt mit dem letzten Schwung ein.

Wir werden schon erwartet: die Geländewagen-Fahrer schütteln uns hocherfreut die Hände. Jene Touristen, welche auf unseren Mißerfolg gewettet hatten, sind natürlich längst fort. Die Bergführer aber laden uns zu einem Gläschen ,Ätna-Feuer' ein. Schon nach einem Schluck haben wir genug von dem spiritusverdächtigen, 70prozentigen und bonbonrosa ,Feuerwasser'. Die Sizilianer begießen dafür unsere ,Erstbesteigung' um so ausgiebiger. Denn mit einer 1000-ccm-Maschine hat sicher noch kein Motorradfahrer vor uns den Ätna erklommen.

Begeistert erzählen uns die Sizilianer dann von einem „anderen Verrückten", von Antonio Nicoloso. Er ist als erster in die Tiefe des Feuerberges hinabgestiegen. Nur geschützt durch einen Asbest-Anzug und ein Atemgerät, wagte sich der Ätna-Bergführer bis auf den 300 Meter tiefen Grund des Vulkans. Nicoloso ist direkt am Fuße des Ätna geboren und fühlt sich – wie alle Sizilianer – mit diesem Berg eng verbunden. Seine Familie hat übrigens Erfahrung im Umgang mit glühender Lava. Bei dem bisher verheerendsten Ätna-Ausbruch im Jahre 1693 quoll der glühende Feuerstrom direkt neben dem Häuschen von Nicolosos Vorfahren aus einer Erdspalte. Dieser für das Ätna-Massiv typische Flankenausbruch wälzte die glühende Lava bis zur Küste des ionischen Meeres hinunter. Catania mit seinen heute wieder 400 000 Einwohnern wurde damals fast völlig zerstört.

Und trotzdem gilt der ursprünglich aus dem Meer aufgetauchte Vulkan bei den Wissenschaftlern als gutmütig. Denn gerade die dauernde Aktivität im Hauptkrater verhindert eine gefährliche Pfropfenbildung. So ist nach Ansicht der Experten eine urplötzliche, nicht vorhersehbare Explo-

sion nicht zu befürchten. Zudem würden bei Flankenausbrüchen – hier sucht sich die Lava oft weit unterhalb des Gipfels den Weg ins Freie – austretende glühende Massen so langsam talwärts rücken, daß Mensch und Tier rechtzeitig fliehen könnten. Der bis zu 1000 Grad heiße Strom aus flüssigem Gestein braucht für eine Strecke von 200 Metern eine Stunde.

Nach dem interessanten Plausch mit den trinkfreudigen Sizilianern beratschlagen wir, was jetzt mit der defekten Honda passieren soll. Wir erfahren, daß ganz in der Nähe eine Werkstatt ist und so legen wir uns wenig später beruhigt in die Schlafsäcke.

Am nächsten Morgen schleppen wir die Gold Wing zum einzigen Honda-Händler der Ostküste, zu Moto-Turrisi nach Mascali. Der hilfsbereite Chef erzählt uns, daß es seines Wissens nur zwei Gold-Wing-Fahrer auf der gesamten Insel gäbe. Aber trotzdem schafft er es, binnen 24 Stunden eine neue Kupplung aufzutreiben. Für die Montage brauchen seine Mechaniker, die vermutlich zum erstenmal in ihrem Leben eine Gold Wing unter den Händen haben, fast nochmal so lange. Aber schließlich ist auch das überstanden.

Als wir endlich weiterfahren können, steuern wir über die Autobahn Catania an, die ,Tochter des Ätna'. Die Catanier haben dem Vulkan seinen zerstörerischen Ausbruch im Jahre 1693 offenbar nicht allzu übelgenommen, denn sie sind heute noch stolz auf diesen Beinamen ihrer Stadt. Die Atmosphäre in Catania ist typisch italienisch: hektisch, turbulent, betriebsam. Und dennoch nicht ohne Reiz. Viele Häuser sind aus dem dunklen Lavagestein erbaut. Im Zentrum auf dem Domplatz steht das Wahrzeichen der Stadt, ein antiker Elefant. Er ist ebenfalls aus Lava geschaffen und trägt auf seinem Rücken einen ägyptischen Obelisk aus Granit. Sehenswert ist auch die Via Crociferi mit ihren barocken Palästen und Kirchen. Sie gilt zu Recht als eine der schönsten Straßen Italiens.

Knapp 60 Kilometer weiter liegt unser nächstes Etappenziel: Syrakus. Wir meiden diesmal die gebührenpflichtige Autobahn und wühlen uns durch den dichten Verkehr auf der Küstenstraße. Wir durchqueren die einzige Tiefebene Siziliens, die Piana di Catania. Während in anderen Gebieten der Insel viele Plantagen verlassen sind und sich die ehemaligen Besitzer ihr Brot auf leichtere Art im Tourismus verdienen, wird hier

Sizilianer sind
freundliche Menschen
und jederzeit zu
einem Gespräch mit
Fremden bereit. Stolz
präsentiert sich
dieser Händler in
Syrakus neben seinem
liebevoll ge-
schmückten Dreirad,
das vielerorts den
traditionellen Esels-
karren abgelöst hat

In den Geschäften
Taorminas findet man
zahlreiche sizilia-
nische Spezialitäten.
So etwa die
kunstvollen Früchte
aus Marzipan oder den
Likörwein Marsala –
beides Mandel-Produkte.
Eher berüchtigt
denn geschätzt ist
das 70prozentige
,Ätna-Feuer'

Sizilien zählt zu
den wichtigsten Obst-
und Olivenlieferanten.
Entsprechend gut
ist daher auch das
Angebot im Lande.
An jeder Ecke gibt's
frische Zitrusfrüchte
oder – wie hier –
auch Oliven

## Die ‚Ehrenwerte Gesellschaft' hat sich nach Kalabrien zurückgezogen. Sie hat auf Sizilien immer mehr an Einfluß verloren

noch intensiv Obst und Gemüse angebaut. Und bald schon tauchen die ersten Raffinerien auf, denn im Süden Siziliens wird seit einigen Jahren erfolgreich nach Öl gebohrt.

Dann erreichen wir – eingebettet in ein Meer von Pinien und Azaleen – Syrakus. Diese 733 v. Chr. von den Griechen gegründete Stadt war einmal das Zentrum der griechischen Antike. Unter dem berüchtigten Tyrannen Dionysios hat sich Syrakus drei Jahrhunderte nach der Gründung die Vormachtstellung in der Alten Welt erkämpft. Erst 212 v. Chr. gelang es den Römern nach zweijähriger Belagerung, die Stadt zu erobern. Noch heute ist der Geist jener Zeiten in Syrakus lebendig. Auch wenn die wohl bemerkenswertesten Baudenkmäler, der Apollo-Tempel, das griechische Theater, das römische Amphitheater und das Castello Eurialo, inzwischen beliebte Touristenziele geworden sind.

Mit unseren Motorrädern bummeln wir in den ältesten Teil der Stadt, in die Ortygia, die durch eine Brücke von der ‚Neustadt' getrennt ist und auf einer weit ins Meer ragenden Landzunge liegt. Von der Uferpromenade aus beobachten wir das geschäftige Treiben im Hafen und genießen die behagliche Atmosphäre. Hier hat der Mathematiker Archimedes also einst seine berühmt gewordenen letzten Worte gesprochen, ehe er von einem römischen Soldaten erschlagen worden ist: ‚Störe meine Kreise nicht!'

Am nächsten Morgen verlassen wir Syrakus. Wolkenfetzen am Himmel künden wieder einen heißen Tag an. Der Scirocco – ein unangenehmer Sahara-Wind – nähert sich vom nur 120 Kilometer entfernten afrikanischen Festland. Auf den Motorrädern kann uns Wärme nur recht sein und gutgelaunt nähern wir uns auf verschlungenen Landstraßen der Bergfestung Enna. Die 1000 Meter über dem Meeresspiegel liegende Stadt wird auch der ‚Aussichtsturm Siziliens' genannt. Außerdem gab Cicero Enna noch den weiteren Beinamen ‚Nabel Siziliens'. Beides ist zutreffend, denn zum einen bietet die auf einem Bergrücken liegende ehemalige Festung tatsächlich einen unvergleichlichen Rundblick über das Land, und zum anderen liegt sie exakt im Mittelpunkt Siziliens.

In einer kleinen Trattoria stärken wir uns für die Weiterfahrt mit vorzüglichen Calamari, den knusprig gebackenen Tintenfischen. Auf die hervorragenden Weine dieser Gegend müssen wir

leider verzichten und nehmen uns vor, sie dafür abends ausgiebig zu genießen.

Wir sind jetzt im Zentrum Siziliens und damit auch im Einflußgebiet der Mafia. Diese sizilianische Unterwelt-Organisation hat allerdings in den letzten Jahren immer mehr an Bedeutung verloren. Im fortgeschrittenen Osten lachen die Leute sogar, wenn man sie auf ‚el mafioso' anspricht. Die ‚Ehrenwerte Gesellschaft' hat sich hauptsächlich nach Kalabrien zurückgezogen, in die ärmste Provinz Italiens am Südzipfel des Festlandes. Auf Sizilien ist sie nur noch in der Gegend um Palermo präsent. Touristen werden jedoch davon nichts bemerken. Sie bleiben in der Regel von Überfällen verschont.

Überhaupt können wir die vielfältigen Gerüchte vom ‚unsicheren Pflaster Sizilien' nicht bestätigen. Freilich ketten wir die Motorräder nachts aneinander. Dies ist eine grundsätzliche Vorsichtsmaßnahme, die man ja auch in Deutschland treffen sollte. Sonst fühlten wir uns jedoch absolut sicher. Selbst im dichtesten Trubel ist uns nichts gestohlen worden. Die Sizilianer zeichnen sich vielmehr durch eine hierzulande selten gewordene Gastfreundschaft aus, die vielleicht nur noch mit jener der Griechen verglichen werden kann. Kleine Gaunereien erleben wir nur an den Autobahnzahlstellen. Hier muß jedes Fahrzeug anhalten und eine – übrigens minimale – Gebühr für die Benutzung der Autobahn entrichten. Wer nicht ganz genau aufpaßt, bekommt des öfteren einige Lire Wechselgeld zu wenig von den Kassierern zurück.

Aber wir ziehen ohnehin kurvige, kleine Straßen der Autobahn vor und so wählen wir auch von Enna aus wieder die Landstraße zurück zum Ätna. Die malerische Landschaft um den Vulkan zieht uns an. Über Adrano gelangen wir nach Paterno, der ‚Orangen-Stadt'. Die Früchte dieser Gegend sind zu einem Begriff in ganz Europa geworden. Wir fahren durch endlose Orangenhaine und sind begeistert von den herrlichen Düften, die uns umgeben. Was versäumt ein Autofahrer in seinem Blechkäfig doch alles!

Links der Straße erstreckt sich eine der zahlreichen verlassenen Kakteen-Plantagen. Ihr Besitzer mag sich jetzt wohl mit Touristen herumplagen, Souvenirs verkaufen oder Hotelzimmer saubermachen. Wir fahren vorsichtig an den riesigen Kakteen vorbei. Die Stacheln sind teilweise zehn Zentimeter lang und könnten nicht nur unsere

Der Osten Siziliens wird von den Lavahängen des Ätna beherrscht. Sogar die Straßen und Häuser werden aus der schwarzen Schlacke gebaut

Wesentlich reizvoller als die gebührenpflichtige Autobahn ist die kurvenreiche Küstenstraße zwischen Taormina und Messina. Von hier kann man auch leicht Abstecher in die Bergdörfer der Ostküste machen

An der Bergstation La Montagnola wagen wir unseren ersten Ausflug auf das rutschige Lavagestein. Von hier führt ein Skilift auf den Südhang des Ätna. Schnee liegt da allerdings nur vier bis sechs Wochen im Jahr

# Eine halbe Stunde dauert die Fahrt durch die Meerenge, in der Skylla und Charybdis den Reisenden auflauern. So sagte Homer

Kombis, sondern sogar die Lederstiefel mühelos durchdringen. Überreife Früchte liegen auf dem ausgetrockneten Boden. Auf den ersten Blick ist es erstaunlich, woher die Pflanzen genug Feuchtigkeit bekommen. Aber dafür sorgt die durchlässige Lava-Asche, denn darunter sammeln sich Niederschläge und Schneeschmelze. Festes Sediment-Gestein hindert das kostbare Naß am Versickern. Und da die vulkanische Erde zudem noch sehr mineralhaltig ist, gilt sie als außerordentlich fruchtbar.

Gerd schlägt ein Picknick vor. Wir lagern zwischen Obstbäumen. Die Orangen reifen zwar erst im Januar, aber die Mandarinen sind jetzt Ende Oktober schon soweit. Die frisch vom Baum gepflückten Früchte schmecken uns besser als jemals zuvor. Ihre Schale ist nicht mit Chemikalien verseucht. Auch das gibt's noch!

Hinter den Wäldern von Nicolosi sehen wir ihn dann wieder, den Ätna. Sein Gipfel ist jetzt mit Schnee überpudert. Am Fuß des Berges vorbei gelangen wir nach Taormina. Jetzt im Oktober hat der Urlauberstrom etwas nachgelassen. Wir vermissen die Touristenhorden nicht. Stattdessen genießen wir das Städtchen an den Hängen des Monte Tauro fast ungestört. Sogar ein weitaus berühmterer Deutscher war von der ‚Perle Siziliens‘ fasziniert: Johann Wolfgang von Goethe machte hier im Frühjahr 1787 Station. Als er im ‚Teatro Greco‘ saß, dem alten Amphitheater mitten in Taormina, genoß er den einzigartigen Ausblick auf die Ätna-Hänge und bezeichnete dieses Fleckchen Erde als ‚die schönste Landschaft der Welt‘.

Nicht zu unrecht, wie wir dem Dichterfürsten zustimmen müssen, denn gerade von den obersten Reihen des Freiluft-Theaters aus erschließt sich dem Betrachter die volle Schönheit Siziliens: Der Blick wandert von Naxos zur Bucht von Giardini, über Zypressenhaine und üppig grünendes Land bis hin zum ‚Berg der Berge‘, dem Ätna, der nach antiker Überlieferung einst ein Gott gewesen sein soll. Zu jeder Tages- und Nachtzeit steht eine kleine, weiße Wolke aus Wasserdampf über seinem Gipfel.

Wir wohnen in der ‚Villa Neptuno‘, einer romantischen kleinen Pension an der Via Pirandello. Abends genießen wir die breite Palette italienischer Spezialitäten und morgens nehmen wir unser Frühstück auf der grün-umrankten Terrasse ein. Viel zu bald müssen wir wieder an die Heimreise denken. Der Abschied fällt uns schwer. Wohl jeder von uns schwört sich im stillen, daß dies nicht seine letzte ‚sizilianische Reise‘ gewesen ist. Die herzlichen Wirtsleute winken uns nach, als wir das Städtchen verlassen und auf der Küstenstraße nach Norden abbiegen.

Auf einer schmalen Serpentinenstraße fahren wir dann nach Forza d'Agrò hinauf; ein malerisches Dorf in einer mittelalterlichen Festung. An einem winzigen Straßencafe machen wir halt und Antonio, der Besitzer, begrüßt uns in fließendem Deutsch. Er sei einige Jahre in Gelsenkirchen gewesen, erzählt er uns. Von seinen Ersparnissen aus dieser Zeit habe er sich dieses Cafe kaufen können und „jetzt gehe ich nie mehr von hier fort", versichert er uns. Wir können ihn nur zu gut verstehen. Forza d'Agrò ist ein bezauberndes Dorf. Nicht zufällig wurden hier Szenen für den Film ‚Der Pate‘ gedreht. Antonio packt uns für die lange Heimreise eine ganze Tüte voller Sandwichs ein und „als Andenken" füllt er uns noch eine Flasche Marsala ab. Der süße Mandelwein soll uns im kalten Deutschland an Sizilien erinnern. Wir nehmen ihn gerne mit. Gerührt umarmt uns der Sizilianer zum Abschied.

Auf dem Weg zur Küste hinunter genießen wir noch einmal die herrliche Aussicht auf das Meer. Dann steuern wir Messina an. Die Fähre soll uns wieder zurück auf das italienische Festland bringen. Eine halbe Stunde dauert die Fahrt durch die Meerenge, in der die beiden schrecklichen Ungeheuer aus der ‚Odyssee‘ Reisenden auflauern sollen. Am einen Felsenufer soll Skylla, ein sechsköpfiges Monstrum, auf Beute lauern und am anderen Ufer die wasserschlürfende Göttin Charybdis mit ihrem gefährlichen Sog. Nun, Homers Phantasie in Ehren: Wir haben von alledem nichts bemerkt!

**Beste Reisezeit:** März bis Oktober.

**Anreise:** Für Eilige empfiehlt sich die Route München-Kufstein-Innsbruck-Brenner-Bozen-Verona-Bologna. Ab hier auf der E6 bis Rom und weiter auf der E1 über Neapel bis Villa San Giovanni/Reggio. Von beiden Orten aus verkehrt mehrmals täglich eine Fähre nach Sizilien (billig, Buchung nicht nötig). München-Reggio ca. 1700 Kilometer. Ab Neapel ist die Autobahn landschaftlich sehr schön.

Fast alle Autobahnen in Italien sind gebührenpflichtig (mit dem Motorrad Brenner-Reggio ca. 16 000 Lire).

Wer sich auf der Anreise Zeit lassen will, dem bieten sich zahlreiche ideale Motorradstrekken über die Alpen an.

Ein Motorrad kann man auf Sizilien nicht mieten. Achtung: Es gibt nur wenige Werkstätten!

**Einreise:** Reisepaß oder Personalausweis, Führerschein und Fahrzeugschein; Versicherungskarte empfehlenswert.

**Verkehr:** Die Höchstgeschwindigkeiten außerhalb geschlossener Ortschaften sind nach Hub-

# Sizilien – Wo der Winter Pause macht

raum gestaffelt. Motorräder über 150 ccm dürfen auf Landstraßen bis 100 km/h, auf Autobahnen bis 130 km/h fahren.

**Währung:** 1000 Lire = 1,86 DM (Stand 9/82).

**Informationen:** Staatliches Italienisches Fremdenverkehrsamt, Goethestraße 20, 8000 München 2.

**Allgemeines:** Zwar gilt der östliche Teil Siziliens allgemein als der schönere, doch haben auch Nord- und Südwestküste landschaftliche Reize zu bieten. Man sollte deshalb eine Rundreise planen, die von Messina aus an der Nordküste entlang beginnt (insgesamt etwa 1000 Kilometer). Von Catania aus bietet sich eine Fahrt zum Ätna (auf befestigten Straßen) an. Reizvoll ist auch eine Rundfahrt

um den Vulkan, über Adrano, Bronte, Randazzo.

**Literaturhinweise:** Polyglott Sizilien, DM 4,80
Goldstadt-Reiseführer Sizilien (inkl. Karte) DM 9,80
Grieben-Reiseführer Sizilien (inkl. Karte) DM 9,80
Touropa Urlaubsberater: Sizilien mit Kalabrien und Malta, DM 6,80
Hallwag-Führer: Süditalien und Sizilien, DM 32,–
Berlitz-Reiseführer Sizilien, (mit Fotos, Karten und Tips), DM 6,80
Sizilien – kennen und lieben, LN-Verlag, DM 9,80
DuMont-Kunstreiseführer Sizilien, DM 28,80
Reisen heute: Sizilien in Farbe (Fotos, Karten und Tourenvorschläge), DM 39,80
Schroed: Sizilien (Fotos, Plan und Übersichtskarte), DM 24,80
Horst/Rast: Sizilien (Fotos, Plan und Skizzen), Walter-Reiseführer, DM 26,–

**Landkarten:** Carta Regionale Sicilia, 1 : 250 000, DM 12,80
Touring Club Italiano, Blatt 25, 26 und 27, 1 : 200 000, je DM 6,80
LAC-Touristenkarte Sicilia, 1 : 350 000, DM 7,80

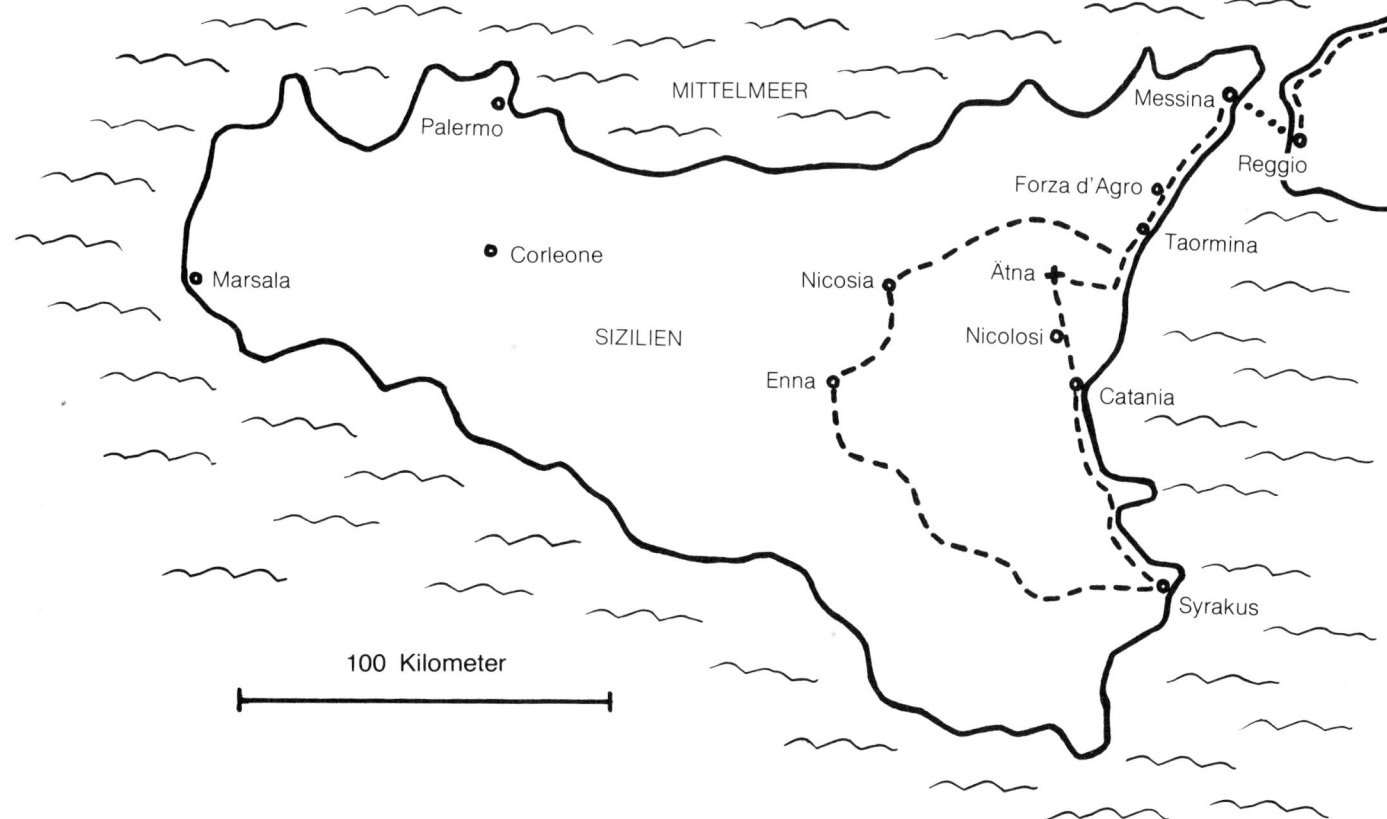

# Einmal Nordkapp und zurück

Etwas Überwindung braucht
man als Motorradfahrer schon, um den
Verlockungen des sonnigen
Südens zu widerstehen und statt dessen
gen Norden zu fahren. Wer sich
jedoch einmal vom Touristenrummel des
Mittelmeerraums getrennt hat,
entdeckt in Norwegen sein Motorrad-
Paradies: kurvenreiche, verkehrsarme Straßen, wilde und kontrastreiche
Landschaften und sogar viel
Sonne, denn am Polarkreis scheint sie
im Sommer Tag und Nacht –
24 Stunden lang. Aber es ist nicht
nur die Faszination der
Mitternachtssonne, die Norwegen in
den letzten Jahren zum
Geheimtip für Motorrad-Abenteurer
werden ließ. Da sind auch die
phantastischen Fjorde, jene Meeresarme,
die sich bis 250 Kilometer tief
in die 2500 Meter hohe Bergwelt hinein-
zwängen. Oder die hochgelegenen
Fjelle, die an asiatische
Tundren erinnern

## Haushohe Wellen rollen auf die kleine Fähre zu, bringen sie zum ‚Tanzen‘. Längst ist keiner der Passagiere mehr an Deck

Es wird keine ruhige Überfahrt. Ein Sturm tobt über die Vestfjorde, die wir durchqueren müssen. Die See schäumt. Der Polarkreis liegt 260 Kilometer hinter uns. Wir haben Skutvik erreicht und zurren unsere Motorräder auf der Fähre fest. Sie soll uns zur Lofoten-Hauptstadt Svolvaer bringen. Schon kurz nachdem das Schiff abgelegt hat, erkennen wir unser Ziel am Horizont: die Lofotberge. Wie eine Wand ragen sie bis 900 Meter hoch senkrecht aus dem Meer. Haushohe Wellen rollen auf unsere kleine Fähre zu und bringen sie zum ‚Tanzen‘. Längst ist keiner der Passagiere mehr an Deck.

„Normalerweise ist die See hier nicht so wild", tröstet uns ein englisch sprechender Norweger. Seine Freundin läuft gerade kreidebleich aus dem Raum. Auch uns ist mulmig. Der Frühstückskaffee rumort in meinem Magen. Und die Lofoten scheinen noch nach zwei Stunden keinen Meter nähergerückt zu sein. „Fahren wir eigentlich, oder drehen wir uns nur im Kreis?", frage ich einen Steward, der uns seelenruhig belegte Sandwichs anbietet. Er zuckt nur vielsagend mit den Schultern und balanciert auf dem wie verrückt schaukelnden Schiff zum nächsten Tisch.

Endlich haben wir's geschafft. Die Fähre läuft in den Hafen von Svolvaer ein. Mit wackeligen Knien bringen wir unsere Motorräder an Land. Knapp drei Stunden hat diese Horror-Fahrt gedauert. Die Yamahas haben das Ganze schadlos

überstanden. Wir dagegen weniger. Wer jemals seekrank war, kann verstehen, daß wir an diesem Tag nur noch eines wollen: möglichst schnell ein Bett und dann schlafen! Kurz hinter Svolvaer entdecken wir einen Campingplatz mit ‚hytter‘, einer norwegischen ‚Spezialität‘, die wir schon auf den bisherigen 1500 Kilometern seit unserer Abfahrt in Oslo schätzen gelernt haben.

‚Hytter‘ sind kleine Holzhäuschen, die meistens in landschaftlich reizvoller Gegend liegen und für eine oder mehrere Nächte vermietet werden. Man zahlt dafür zwischen 30 und 50 Kronen pro Übernachtung. Zwei Betten stehen darin, meist übereinander und ohne Bettzeug, ein kleiner Tisch mit zwei Stühlen und ein elektrischer Herd. Besonders angenehm ist, daß selbst in einfacheren Hütten eine Elektroheizung installiert ist. Denn sogar im August werden hier nördlich des Polarkreises die Nächte empfindlich kalt.

Am nächsten Morgen haben wir uns wieder erholt und erkunden den ‚wundersamen Archipel‘, wie die Lofoten genannt werden. Von einigen kleineren Wegen abgesehen, gibt es hier nur eine einzige Straße, die die Inselkette durchzieht. 150 Kilometer ist die Lofot-Straße lang. An der Küste führt sie durch kleine, verschlafene Fischerdörfer, die sich an die Felsen klammern. Es riecht nach Wasser und Fisch, nach Teer und Farbe. Obwohl in jedem Sommer schätzungsweise 20 000 Touristen die Inselgruppe besuchen, gibt es hier keinen Rummel. Die Besucher verteilen sich auf die vielen Siedlungen und etwa 80 Inseln der Lofoten. So scheint dieses Stückchen Erde auch im Sommer stellenweise wie ausgestorben.

Die Lofot-Straße führt durch karges Land, vorbei an Buchten und unzähligen Fjorden. Dreimal müssen wir mit der Fähre übersetzen, ehe wir das Ende der Straße erreicht haben. Der Name dieser letzten Siedlung auf den Lofoten könnte Symbol für die Wortkargkeit der Bewohner sein. Das Dorf heißt Å. Ein einziger Buchstabe nur, mit einem ‚Kringel‘ darüber. Ausgesprochen wird dieser ‚Name‘ wie ein offenes O, etwa in ‚Dorf‘. Hinter dem malerischen Fischerdorf erheben sich steile Klippen. Von hier aus haben wir einen faszinierenden Ausblick. Nur zehn Kilometer vom Festland entfernt erkennen wir den Moskenstraumen, jenen ‚Mahlstrom‘, dem Edgar Allan Poe ein Denkmal gesetzt hat. Im Rhythmus der Gezeiten donnert das offene Meer in wilden Strudeln zwischen den Lofoten und der

**Auf dem Breidalsfjell, 150 Kilometer südlich des Nordkapps, überholen uns französische Motorradfahrer. Die Landschaft erinnert hier an die kargen asiatischen Hochebenen (1. Doppelseite). Zu den reizvollsten Teilen Norwegens gehört die bizarre Inselwelt der Lofoten (vorige Doppelseite)**

Das Nordkapp auf der Insel Mageröya gilt als nördlichster Punkt Europas, obwohl das benachbarte Kap Knivskjellodden etwas nördlicher liegt. Sehen kann man meist beide nicht. Denn die 300 Meter aus dem Polarmeer herausragende Steilküste hüllt sich an vielen Tagen des Jahres in dichten Nebel. Den Anblick der Mitternachtssonne können wir daher erst wieder im Süden genießen

# Damals, zur Zeit der Hanse, lieferten sich die Fischer noch blutige Schlachten um die besten Fanggründe vor den Lofoten

kleinen Insel Mosken hindurch. Meilenweit hört man das Getöse, ähnlich dem eines gigantischen Katarakts.

Ein Fischer erzählt uns, daß ganze Schiffe, ja sogar riesige Wale für immer in diesem Sog verschwunden sein sollen. So geht jedenfalls die Sage, die von Familie zu Familie weitergegeben wird. Respekt haben sie alle, die Fischer, die im harten arktischen Winter hinaus müssen auf die wilde See. In den Monaten von Januar bis April, während der langen Polarnacht, treiben heftige Stürme die Kabeljauschwärme vor die Lofotküste. Dann heißt es für die Bewohner der Inseln, den Lebensunterhalt für das ganze Jahr zu sichern. In Fabriken wird der Kabeljau – auch Dorsch genannt – anschließend filetiert. Aus dem Rest wird Tran und Fischmehl hergestellt. Aber längst nicht alle Fische werden industriell verarbeitet. Noch immer werden in ganz Norwegen Dorsche auf zeltförmigen Holzgerüsten luftgetrocknet. Dieser Stockfisch wurde seit dem 15. Jahrhundert auf Wunsch der deutschen Hansekaufleute für den Export produziert. Damals lieferten sich die Fischer noch blutige Schlachten um die besten Fanggründe. Tausende kamen in jenen Zeiten sogar vom 1500 Kilometer entfernten Bergen herauf, um in den Lofot-Gewässern ihre Netze auszuwerfen.

Wie schon ihre Großväter, wohnen die Fischer auch heute noch während der Fangsaison von Neujahr bis Ostern in den ‚Rorbus‘, den Pfahlhütten am Meer. Dort verwahren sie auch ihre Fischereigeräte. Wenn die Saison zu Ende ist, ziehen sie wieder in ihre Häuser zurück. Die ochsenblutroten ‚Rorbus‘ werden im Sommer an Feriengäste vermietet, die wenig Wert auf Hotel-Komfort legen. In den sauberen Pfahlhütten gibt es Licht, Wasser, eine Heizung und meist zwei oder drei Räume mit Betten, Tisch und Stühlen. Kaum sind die Gäste wieder fort, bereiten sich die Fischer auf die neue Saison vor.

Die Lofotenleute gelten als abenteuerlich und unberechenbar, im Vergleich zu den Festlandsbewohnern sogar als temperamentvoll. Nun, wir haben davon nichts bemerkt. Uns schienen sie eher wortkarg, schwerfällig. Dabei jedoch keineswegs unfreundlich. Allem Anschein nach sind sie mit sich und ihrer Welt zufrieden. Die norwegische Nationalhymne fällt mir ein: ‚Ja, wir lieben dieses Land, wie es heraufsteigt aus der Flut, vom Wetter zerschunden und zer-

furcht . . .‘. Björnstjerne Björnson hat seinen Landsleuten aus der Seele gesprochen, als er diese Zeilen dichtete. Ist nicht die Verbundenheit der Menschen mit ihrem Land gerade dort am stärksten, wo sie am härtesten mit der Natur kämpfen müssen?

Nach fünf Tagen verlassen wir den ‚wundersamen Archipel‘. Diesmal aber auf dem Landweg! Zwar müssen wir dabei mit der Fähre auf die Vesterålen übersetzen. Die Fahrt durch den Hadselfjord ist aber um ein vielfaches kürzer als durch die Vestfjorde. Waren schon auf den Lofoten fast alle Straßen ungeteert, so erwartet uns auf den Vesterålen ein ‚Straßenbelag‘, der nur aus Schlaglöchern besteht. Wir erfahren, daß hier demnächst ausgebaut werden soll. Jetzt nützt uns das freilich wenig. Nach 250 Kilometern Rüttelpiste sind wir in Narvik und damit wieder auf der Europastraße 6, die uns Richtung Nordkapp führen soll.

Das im Zweiten Weltkrieg von den Deutschen zerstörte Narvik ist einer der bedeutendsten Erzhäfen der Welt. Vor allem die benachbarten Schweden nutzen den, dank des Golfstroms stets eisfreien Hafen, als Tor zur Welt. Mit einer 1902 erbauten Eisenbahnlinie schleppen sie aus Kiruna ihr Erz heran: Eine herrliche Bergbahn, die quer durch den Avisko-Nationalpark führt.

Da alle Hotels und Campingplätze in Narvik belegt sind, schlagen wir unser Zelt außerhalb der Stadt am Rombakenfjord auf. Die norwegische Gesetzgebung ist übrigens sehr liberal gegenüber Touristen. Für kurze Zeit kann man überall zelten, außer auf eingezäunten Grundstücken. Vor

**Das Licht der Polarnächte und die typisch norwegische Szenerie mit ihren Holzhäusern ergeben immer wieder malerische Bilder. Wie hier etwa 200 Kilometer nördlich des Polarkreises in Bodø, einem wichtigen Walfang-Hafen**

# Die Europastraße 6, jene alte norwegische Reichsstraße, durchzieht das Land von Oslo bis zum Nordkapp wie eine Lebensader

nächtlichen Überfällen oder Diebstählen braucht niemand Angst zu haben, denn derartiges ist im Land der Mitternachtssonne gänzlich unbekannt. Ein Paradies also für ‚Wildzelter‘. Wir fühlen uns sicher wie in Abrahams Schoß, als wir in unserem Zelt noch einige Ansichtskarten schreiben. Auch um 23 Uhr benötigen wir dazu übrigens kein Licht, denn in diesen Breiten wird es im Sommer nie richtig dunkel.

Am nächsten Morgen gönnen wir uns ein typisches, norwegisches ‚Frokost‘. Mit einem herkömmlichen Frühstück kann man das allerdings nicht vergleichen. Man bezahlt eine Pauschale zwischen 10 und 15 Mark pro Person und kann dann wählen: Kaffee, Tee oder Milch, Obstsäfte, Tafelwasser, verschiedene Sorten Brot und Gebäck, Müslis, Konfitüren, Grütze. Das kalte Büfett quillt förmlich über: Meeresdelikatessen fehlen ebensowenig wie Pasteten, Würste, Schinken, kalter Braten, alle nur denklichen Käsesorten, Obst und und ... Wer genügend Appetit mitbringt, kann sich für den ganzen Tag sattessen, aber bitte nichts mitnehmen! Eine Unsitte, die leider allzu ‚kostenbewußte‘ deutsche Touristen eingeführt haben.

Vom Frühstück einmal abgesehen ist Norwegen kein Land für Gourmets. Restaurants sind nur in größeren Städten zu finden und selbst da sind die Gerichte wenig einfallsreich. Und zudem außergewöhnlich teuer! Wer in kleineren Dörfern Hunger verspürt, dem bleibt nur die Kafeteria am Straßenrand. Hier kann man in der Regel zwischen Fleischklößen, Koteletts und ‚Pölser‘ (das sind Würstchen) wählen, allesamt in Kantinentöpfen stundenlang warmgehalten. Als Beilage gibt es ausschließlich Kartoffelbrei. Das ganze kostet dann stolze 10 bis 12 Mark. Norwegen ist eben ein teures Land. Gerade für Deutsche, die schon daran gewöhnt sind, im Ausland alles billiger zu bekommen, eine überraschende Erkenntnis. So kostet ein Kilo Schweinefleisch runde 80 Kronen und ein Ei im Supermarkt umgerechnet 60 Pfennige! Einen Ausgleich bieten dafür aber die relativ niedrigen Preise für Fisch, Käse und Butter.

Für die Norweger ist das hohe Preisniveau, das vor allem bei Konsumgütern deutlich wird, durchaus normal. Sie verdienen schließlich auch entsprechend. Ein direkter Vergleich mit unserem Lebensstandard ist daher nicht so einfach. Umstellen müssen viele Touristen auch ihre Trinkgewohnheiten, denn Bier gibt es außer in Oslo, Bergen und Trondheim praktisch nirgends. Das Staatliche ‚Vinmonopol‘ betreibt die Lizenzvergabe für Alkoholausschank so streng, daß man fast schon von Prohibition sprechen kann.

Nach dem ausgezeichneten ‚Frokost‘ verlassen wir Narvik in Richtung Norden. 800 Kilometer liegen noch vor uns. Die E 6, jene alte norwegische Reichsstraße, die das Land von Oslo bis zum Nordkapp wie eine Lebensader durchzieht, ist relativ gut ausgebaut. Wenn sie freilich auch im Norden größtenteils ungeteert ist. Aber die Frostaufbrüche im Frühjahr würden die Straße ohnehin alljährlich wieder zerstören. Und so teert man sie erst gar nicht, sondern trägt Schotter auf und walzt ihn fest. Auf diesen Pisten kommen wir gut voran. Häufig ersetzen Fähren die Straße, damit man nicht an jedem der zahllosen, tief ins Landesinnere reichenden Fjorde entlangfahren muß.

Die Landschaft wirkt hier wie ausgestorben. Weit und breit kein Ort, kein Mensch. Die Luft ist kühl und klar. Wir fahren in Lederkombis und mit dicken Handschuhen. Zusätzlich ziehe ich mir die Regenkombi über, denn trotz Sonnenschein gibt's hier keine sommerlichen Augusttemperaturen. Dennoch ist Norwegen ein herrliches Motorrad-Reiseland. Gerade für Leute, die unter Reisen nicht Rasen verstehen; die noch fähig sind, eine selten gewordene, unberührte Natur zu empfinden und zu genießen.

Verkehrsrowdies, die einem Motorradfahrer das Fürchten lehren, gibt's in Norwegen nicht. Hier wird äußerst diszipliniert gefahren. Die erlaubte Höchstgeschwindigkeit liegt bei 80 km/h, auf speziell gekennzeichneten Straßen – etwa der E 6 – bei 90 km/h. Die Einheimischen halten sich strikt an dieses Gebot und Touristen gewöhnen sich ein höheres Tempo meist schnell ab. Wer nämlich in eine der auf freier Strecke gekonnt versteckten Radarfallen tappt, wird kräftig zur Kasse gebeten. Wir trafen einen deutschen Autofahrer, der erst durch Schaden klug geworden ist: Er war mit 110 km/h ‚geblitzt‘ worden und mußte umgerechnet 400 Mark Strafe zahlen!

Motorradfahrer sind in diesem Land deshalb am besten mit einer Enduro bedient. Damit können sie auch mal einen Abstecher ins Gelände wagen, die Stollenreifen sind auf den Schotterstraßen geradezu ideal und für 90 km/h taugen Enduros allemal. Allerdings sollte man die enormen Entfernungen in diesem langgestreckten

Wegen ihrer langen Stützpfähle werden diese Kirchen Stabkirchen genannt. Von den einstmals über 1000 Bauwerken existieren heute nur noch 25 in Norwegen. Wie hier in Lom erinnern die mittelalterlichen Holzbauten an fernöstliche Pagoden, aber auch an Wikingerschiffe. Die schönsten Stab-kirchen stehen bei Bergen und in Borgund

Liebhaber frischer Meeresfrüchte werden in Norwegen voll auf ihre Kosten kommen. Vom äußerst preiswerten Lachs bis hin zu den stets fangfrischen Krabben (Bild) reicht die bunte Palette

# Milchige Nebelschwaden verstärken noch den Eindruck der Verlassenheit, den die Insel ausstrahlt. Wir fahren Schrittempo

Land einkalkulieren. Etwa beim Tanken. Zwar ist das norwegische Tankstellennetz durchaus zufriedenstellend. Mit der DT 400 und ihrem winzigen Tank geht mir jedoch kurz vor Alta der Sprit aus. Bei einem Aktionsradius von knapp 100 Kilometern kann das natürlich auch in Deutschland passieren. Die XT 500 ist genügsamer und so schleppen wir mit ihr den durstigen Zweitakter bis zur nächsten Tankstelle.

Nur wenige Kilometer weiter sehen wir die ersten Lappen-Zelte. Etwa 30 000 Lappen – oder Samen, wie sie sich selbst nennen – leben noch in Skandinavien, davon zwei Drittel in Nord-Norwegen. Diese ehemaligen Nomaden sind heute größtenteils seßhaft geworden. Früher zogen sie mit ihren Rentierherden von Weide zu Weide. Die Felle dienten ihnen als Kleidung, aus den Häuten der Tiere bauten sie sich ihre Zelte. Jetzt zieht nur noch eine Minderheit mit den Tieren durch die Finnmark. Die anderen verdienen sich ihren Lebensunterhalt am Straßenrand, wo sie Rentierfelle, Jacken und Schmuck an Touristen verkaufen. Besonders begehrt sind übrigens auch Geweihe. Immer wieder kommen uns Motorradfahrer entgegen, deren Gepäckberg ein Rentier-Geweih krönt . . .

Nach drei Tagen sind wir kurz vor dem Ziel. In Honningsvåg auf der Nordkapp-Insel Mageröya empfängt uns dichter Nebel. 34 Kilometer Schotterpiste trennen uns noch vom nördlichsten Punkt Europas. Wo sich der Nebel stellenweise lichtet, sehen wir eine Mondlandschaft. Die milchigen Schwaden verstärken noch den Eindruck der Verlassenheit, den dieses Land ausstrahlt. Wir fahren im Schrittempo, kein Mensch ist zu sehen. Unsere Visiere beschlagen und wir müssen immer wieder anhalten. Keine 10 Meter vor uns springt plötzlich eine Rentierherde über die Straße. Schemenhaft tauchen die scheuen Tiere wieder im Nebel unter.

Uns erscheint die Entfernung endlos. Wir haben kein Gefühl mehr für Zeit. Endlich taucht am Straßenrand ein Schild auf. ‚Nordkapp' steht darauf, bloß: erkennen können wir noch immer absolut nichts. Ein paar Meter weiter prallen wir fast gegen den alten Parkplatzwächter, der uns schließlich die letzten Meter bis zur Nordkapphalle führt. Wir stellen die Motorräder ab und wärmen uns in der riesigen Halle erst mal auf. Die Aussicht von der Terrasse über das Eismeer muß gewaltig sein. Jetzt hängen dunkle Nebelfetzen vor den Fenstern. 307 Meter ragt der Nordkappfelsen aus dem nördlichen Eismeer. Den Beschreibungen nach soll er von tiefen Rissen durchzogen sein, ein grauschwarzes Schieferplateau. Beschwören könnte ich das nicht, ich sehe nämlich höchstens 5 Meter weit. Aber was soll's. Wir hatten schließlich seit 14 Tagen nahezu ununterbrochen Sonnenschein. Nach einer guten Stunde und etlichen heißen Tassen Tee verlassen wir das Nordkapp, immer noch im dichten Nebel. Jetzt zieht es uns in freundlichere Gefilde, nach Süden.

Knapp 2000 Kilometer und 6 Tage später liegt der Norden Norwegens hinter uns. Wir sind auf der E 6 zurück bis Dombås gefahren. Hier verlassen wir die Europastraße. Auf der E 69 fahren wir westwärts durch verschlungene Täler bis Åndalsnes und erreichen damit die Westlandfjorde, die oft als ‚Gipfel der Fjorde', als die großartigsten bezeichnet werden. Tatsächlich ist diese Landschaft unvergleichlich.

Die Landesstraße 63 führt uns weiter nach Süden, über die ‚Trollstigen'. Trolle sind norwegische Märchenfiguren und die Einheimischen gaben dem waghalsigen Paß diesen Namen, weil sie meinten, daß ihn eigentlich nur Fabelwesen bezwingen könnten. Noch heute sind die engen Kehren ungeteert. Immer wieder stürzen Wasserfälle ins Tal. Der bekannteste ist der Stigfoss-Fall, der aus 180 Metern Höhe in die Tiefe donnert. Wir erreichen den Gipfel, das ‚Heim der Trolle' und fühlen uns wie in eine wundersame Märchenwelt versetzt.

Durch das Meierdalen, ein wildromantisches Tal, geht's weiter zu einem anderen Höhepunkt unserer Fahrt: dem berühmten Geirangerfjord. Von Eidsdal aus steigt die Straße in verschlungenen Kurven hinauf in die Berge, um endlich über einen gigantischen Paß – auch hier wieder Schotterbelag – hinunter zum Fjord zu führen. Dieser Weg heißt ‚Örneveien' – Adlerstraße. Erst vor 25 Jahren gebaut, bezwingt sie den steilen Berghang in elf Kehren. In Reiseführern wird die ‚Adlerstraße' nur ‚geübten' Autofahrern empfohlen. Mit unseren Enduros genießen wir sie geradezu.

Als wir die letzte Kehre auf dem Weg ins Tal passieren, sehen wir uns in dieser Berglandschaft plötzlich mit einem riesigen Ozeandampfer konfrontiert: im letzten Zipfel des Fjordes direkt vor dem Städtchen Geiranger liegt er vor Anker, als wäre dies die natürlichste Sache der Welt. 1500

Einst zogen sie
als Nomaden mit ihren
riesigen Rentier-
herden über die Tundren
Nordskandinaviens.
Heute sind viele Lappen
– oder exakter
Samen – seßhaft
geworden.
Zentrum ihres
Lebens ist die nordnor-
wegische Hafenstadt
Alta, in der auch viele
Samen dem Fisch-
fang nachgehen. Wieder
andere, wie diese
Frau, haben sich auf
das Fertigen von
Touristen-Souvenirs
spezialisiert.
Das untere Bild zeigt
ein typisches
Fischernest auf
den Lofoten

## Inmitten dieser bizarren Bergwelt vermittelt der Sognefjord einen Hauch Tessin. Sogar Erdbeeren gedeihen in dieser Bucht

Meter hohe Berge umrahmen den Fjord und das Schiff wirkt in dieser Umgebung geradezu kurios. Über 100 Kilometer weit ist es ins Landesinnere gefahren. Hunderte von Touristen winken uns zu, als wir mit einem Ausflugsboot von Geiranger aus eine Rundfahrt antreten.

Wieder im Sattel der Motorräder, erreichen wir durch ‚Jotunheimen', das ‚Heim der Götter', den König der Fjorde. Inmitten dieser bizarren Bergwelt vermittelt der Sognefjord einen Hauch Tessin. Hier ist es stets am wärmsten. Obst und Erdbeeren gedeihen in dieser Bucht, die über 175 Kilometer weit ins Land hineinreicht, in unendlich viele Fjordarme verzweigt. Wir meiden die großen Straßen und fahren auf kleinen, ungeteerten Wegen nach Bergen.

Rund 700 Kilometer von Dombås bis Bergen haben wir zurückgelegt und nahmen uns für diese zauberhafte Gegend drei Tage Zeit. Unser Urlaub neigt sich dem Ende zu, aber an einem Tag kann man die zweitgrößte Stadt Norwegens, Bergen, nicht einmal oberflächlich kennenlernen. Wir mieten uns eine Hütte und beschließen, zwei Tage zu bleiben, um die Atmosphäre in dieser fröhlichen Stadt zu genießen. Vor allem auf dem täglichen Fischmarkt am Vormittag im Bergener Hafen amüsieren wir uns über die sprichwörtliche Schlagfertigkeit der Stadtbewohner. Da wird gehandelt und gefeilscht, wie man es anderswo höchstens in Italien erlebt.

Wir kaufen uns für wenig Geld etwas Räucherlachs und essen ihn, wie hier üblich, direkt aus der Hand. Auch die frisch gekochten, rosigen Krabben schmecken besser als in jedem Restaurant. Davon gibt es in Bergen übrigens viele. Wir haben Glück und entdecken gleich am ersten Tag eines der originellsten und besten: Im ‚Tracteursted' in der Altstadt, versteckt in einer kleinen Gasse zwischen den stolzen Kaufmannshäusern, essen wir eine phantastische Lachsforelle. Dieses gemütliche Restaurant liegt im ersten Stock eines Holzhauses anno 1706. Der Gast kann im Sommer sein Bier – hier gibt es welches! – sogar im malerischen Hof genießen. Vorausgesetzt, die Sonne scheint. Bergen gilt nämlich als eine der regenreichsten Städte der Welt!

Beinahe täglich öffnet der Himmel über der Westküste Norwegens seine Schleusen. Wir sind schon fast sicher, einen jener seltenen trockenen Tage zu erleben, denn den ganzen Vormittag über herrschte eitel Sonnenschein. Aber wir haben uns zu früh gefreut. Gegen Nachmittag ziehen finstere Wolken über die Hügel am Stadtrand und kurz darauf platscht auch schon Regen auf das Kopfsteinpflaster. Die Bergener nehmen den täglichen ‚Segen' von oben gelassen hin. Selbst Babies im Kinderwagen tragen hier schon den gelben ‚Ostfriesennerz'.

Wir flüchten ins ‚Hanseatiske Museum', ein originalgetreu eingerichtetes hanseatisches Kaufmannshaus. Hier entdecken wir nicht nur die originellen Wandbetten, in denen sich jung und alt zusammenzwängte, um der Kälte zu trotzen. Wir erfahren auch einiges über die Hanse. Galt doch Bergen neben Lübeck als bedeutendste Niederlassung dieser mittelalterlichen Kaufmanns-Verbindung.

Einen Besuch wert ist auch der Stadtteil ‚Gamle Bergen', was soviel wie ‚Alt-Bergen' heißt. Hier entstand eine Art Freiluftmuseum, in dem die schönsten, alter Holzhäuser ‚gesammelt' werden. In alle Teile Bergens waren sie früher einmal verstreut, ehe man sie vorsichtig ab- und hier originalgetreu wieder aufbaute, um sie für die Nachwelt zu erhalten.

Nach einem ausgedehnten Spaziergang in ‚Gamle Bergen' heißt es für uns, an die Heimfahrt zu denken. Noch einmal fahren wir am Kai entlang zur Festung Bergenhus. Ein letzter Blick auf den malerischen Hafen, dann lenken wir unsere Enduros zurück auf die E 68. Durch das seenreiche Südnorwegen mit seinen bezaubernden Tälern und verträumten Fjordstraßen gelangen wir nach Kristiansand, wo uns schon das große Fährschiff erwartet. Es soll uns über den bisweilen recht stürmischen Skagerrak nach Dänemark bringen. Wir haben also gute Chancen, Norwegen wieder so zu verlassen, wie wir unser Traumziel, die Lofoten, betreten haben – nämlich seekrank . . .

**Beste Reisezeit:** Juli und August.

**Anreise:** Von Kiel aus mit den Fähren der Jahre-Line nach Oslo. Überfahrt ca. 19 Stunden. Preis (Stand 1982) pro Motorrad DM 40, pro Person DM 130 (Schlafsaal) oder ab DM 170 (Kabine). Preisgünstiger kommt man mit der DA-NO-Linjen von Frederikshavn/Dänemark nach Oslo. Überfahrt ca. 11 Stunden. Preis pro Motorrad DM 40, pro Person DM 80, Kabinenzuschlag ab DM 20.

Die Larvik-Line fährt von Frederikshavn nach Larvik/Norwegen. Überfahrt ca 5 1/2 Stunden. Preis pro Motorrad DM 44, pro Person DM 70, Kabinenzuschlag (Schlafsessel) ab DM 8.

Von Hirtshals/Dänemark nach Kristiansand/Norwegen fährt die Fred Olsen Line. Überfahrt ca. 4 Stunden. Preis pro Motorrad DM 55, pro Person DM 70, Kabinenzuschlag (Schlafsaal) ab DM 8.

Die billigste Anfahrt führt über die Vogelfluglinie, Fähre Fehmarn-Puttgarden bis Rødby/Dänemark (eine Person mit Motorrad ca. 40,– DM), auf der E4 über Kopenhagen nach Helsingør, mit der Fähre übersetzen nach Hälsingborg/Schweden (eine Person mit Motorrad ca. 15,– DM) und weiter auf der E6 über Göteborg nach Oslo.

**Einreise:** Reisepaß oder Personalausweis, Führerschein, Fahrzeugschein und Versicherungskarte.

**Verkehr:** Höchstgeschwindigkeit außerhalb geschlossener Ortschaften 80 km/h, auf entsprechend gekennzeichneten Straßen 90 km/h. In Norwegen liegt die Promillegrenze bei 0,5.

**Währung:** 100 norwegische Kronen (nkr) = 37,85 DM (Stand 9/82).

**Informationen:** Norwegisches Fremdenverkehrsamt, Glockengießerwall 26, 2000 Hamburg 1.

**Allgemeines:** In Norwegen gibt es zahlreiche Campingplät-

# Norwegen – Hüttenurlaub zwischen Fjord und Fähre

ze. Ideal zum Übernachten sind die ‚hytter‘, kleine Holzhütten, die man ab etwa 70 nkr pro Nacht mieten kann. In der Hochsaison sollte man sich spätestens ab 16.30 Uhr eine Hütte suchen, denn sonst sind meist alle schon belegt.

Bei norwegischen Fremdenverkehrsbüros gibt es die kostenlose Broschüre ‚Where to stay‘, in der alle Gasthäuser und Hotels mit Preisangaben aufgeführt sind.

Wer auf den Lofoten in romantischen Fischerhütten ‚Rorbu-Ferien‘ machen will, wendet sich an das: Nordland Turisttrafikkomite, Postboks 128, Bodø. Eine Fischerhütte kostet etwa 1000 bis bis 1600 nkr pro Woche.

**Literaturhinweise:** Polyglott Norwegen, DM 4,80 (Großer Polyglott DM 14,80)

Touropa-Urlaubsberater: Norwegens Fjorde, DM 6,80
Merian: Norwegens Fjordland, Norwegens Norden, Oslo/Südnorwegen, je DM 8,80
Grieben-Reiseführer Norwegen, DM 9,80
Norwegen – kennen und lieben, LN-Verlag, DM 9,80
Land der Mitternachtssonne – kennen und lieben, LN-Verlag, DM 9,80
Lange: Norwegen, Goldstadt-Verlag, DM 12,80

**Landkarten:** Cappelen-Bil-og touristkart, 1 : 350 000 bzw. 1 : 400 000, 5 Blätter, je DM 16,50 (sehr empfehlenswert)
Cappelen Nr. 13, Norwegen, 1 : 1 Mill., DM 12,50
Shell-Norwegen, 1 : 1,5 Mill., DM 5,80

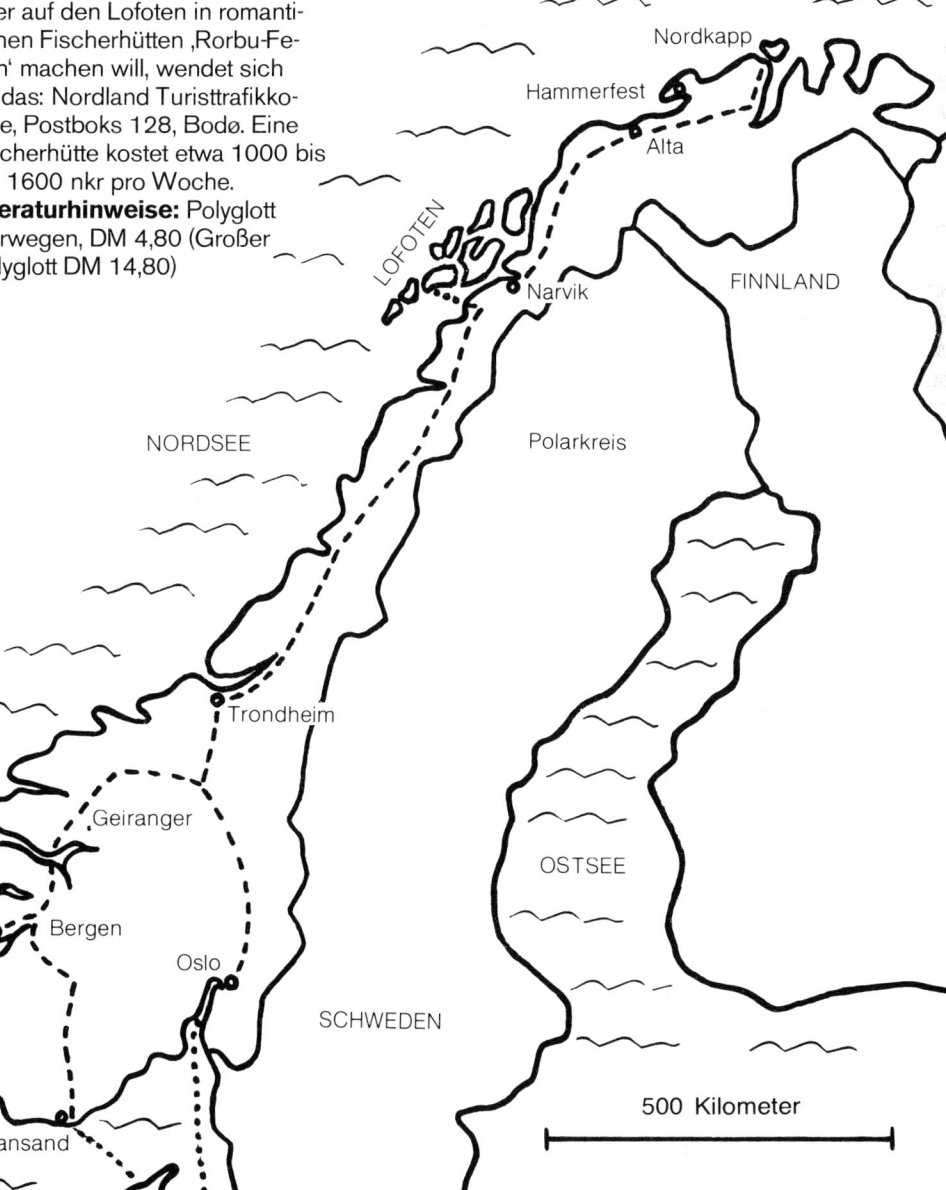

# 6000 Meilen auf den Spuren Peter Fondas

Es ist zwar schon ein Jahrzehnt her, als Dennis Hopper und Peter Fonda mit ihrem Film ‚easy rider' den weltweiten Motorradboom entfachten. Aber den Traum von der großen Freiheit träumen noch heute junge Menschen in aller Welt. Einmal von Los Angeles nach New Orleans fahren – quer durch die USA. Billige Atlantikflüge lassen diesen Wunsch Wirklichkeit werden. Wir haben den Trip nachvollzogen und erlebt, was wir erhofft und befürchtet hatten: Die faszinierenden Naturschönheiten und die Lebensfreude des Westens, aber auch das Elend der Indianer und die Intoleranz in den Südstaaten. Amerika hat viele Gesichter. Man sollte sich die Zeit nehmen, sie kennenzulernen

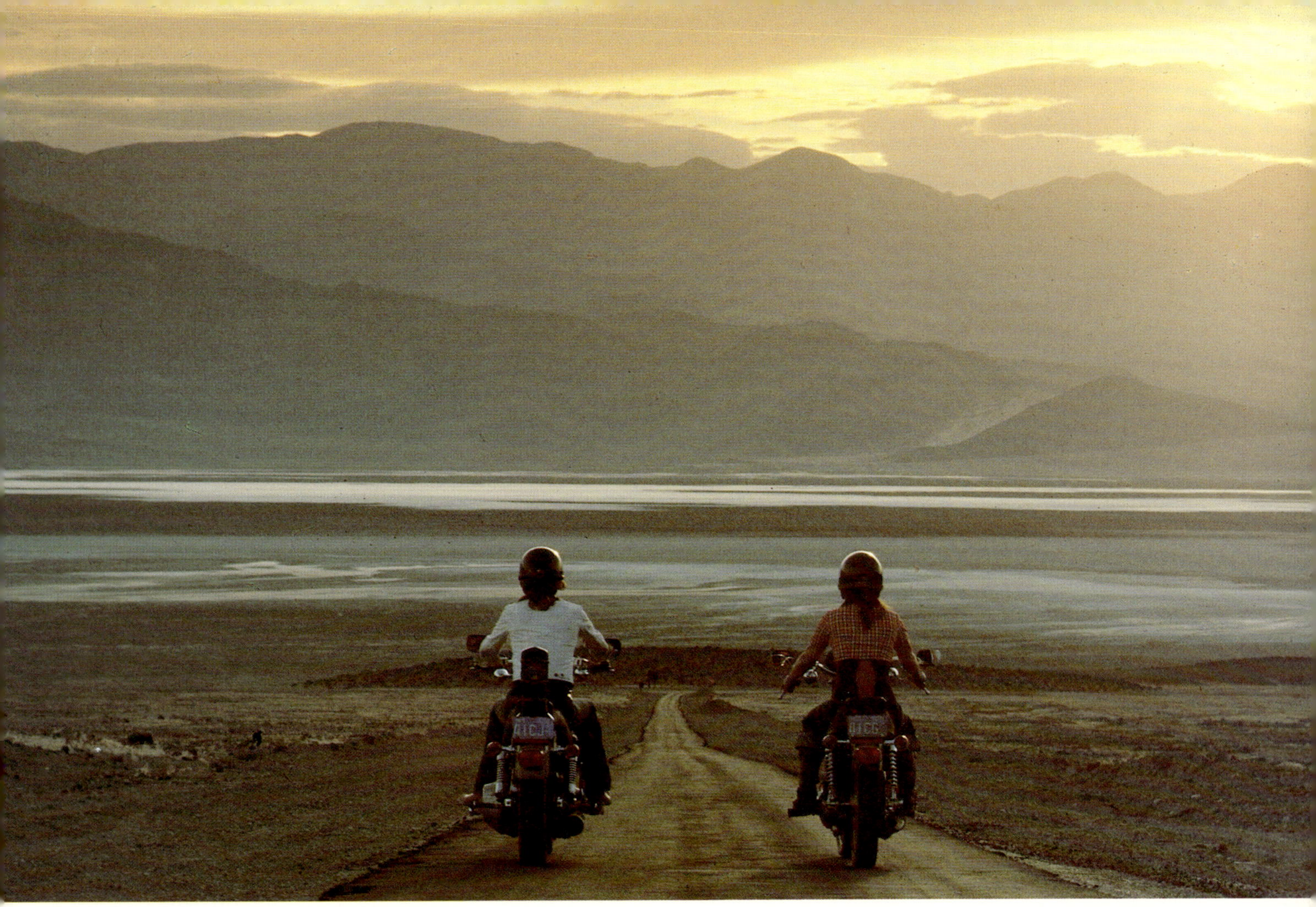

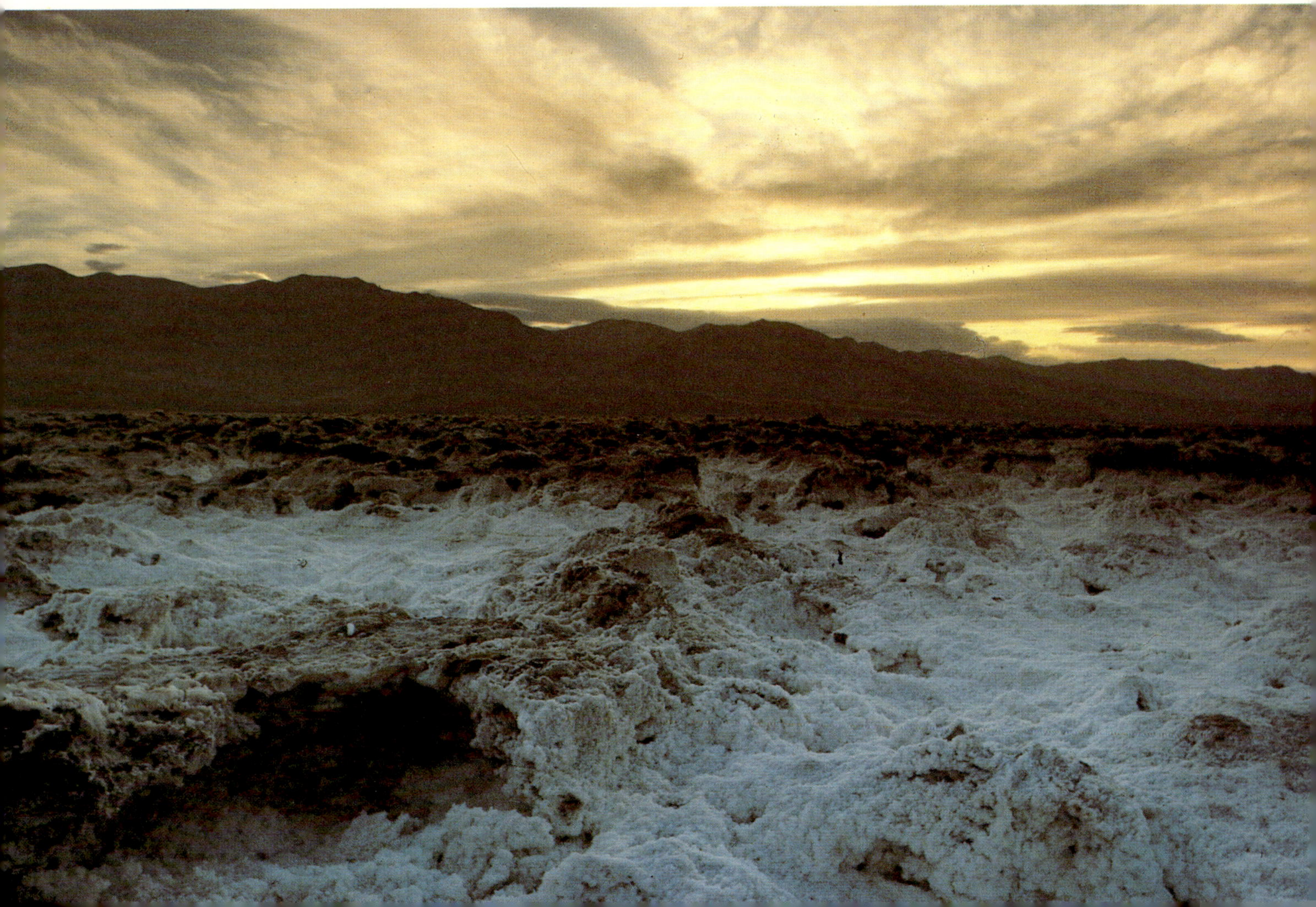

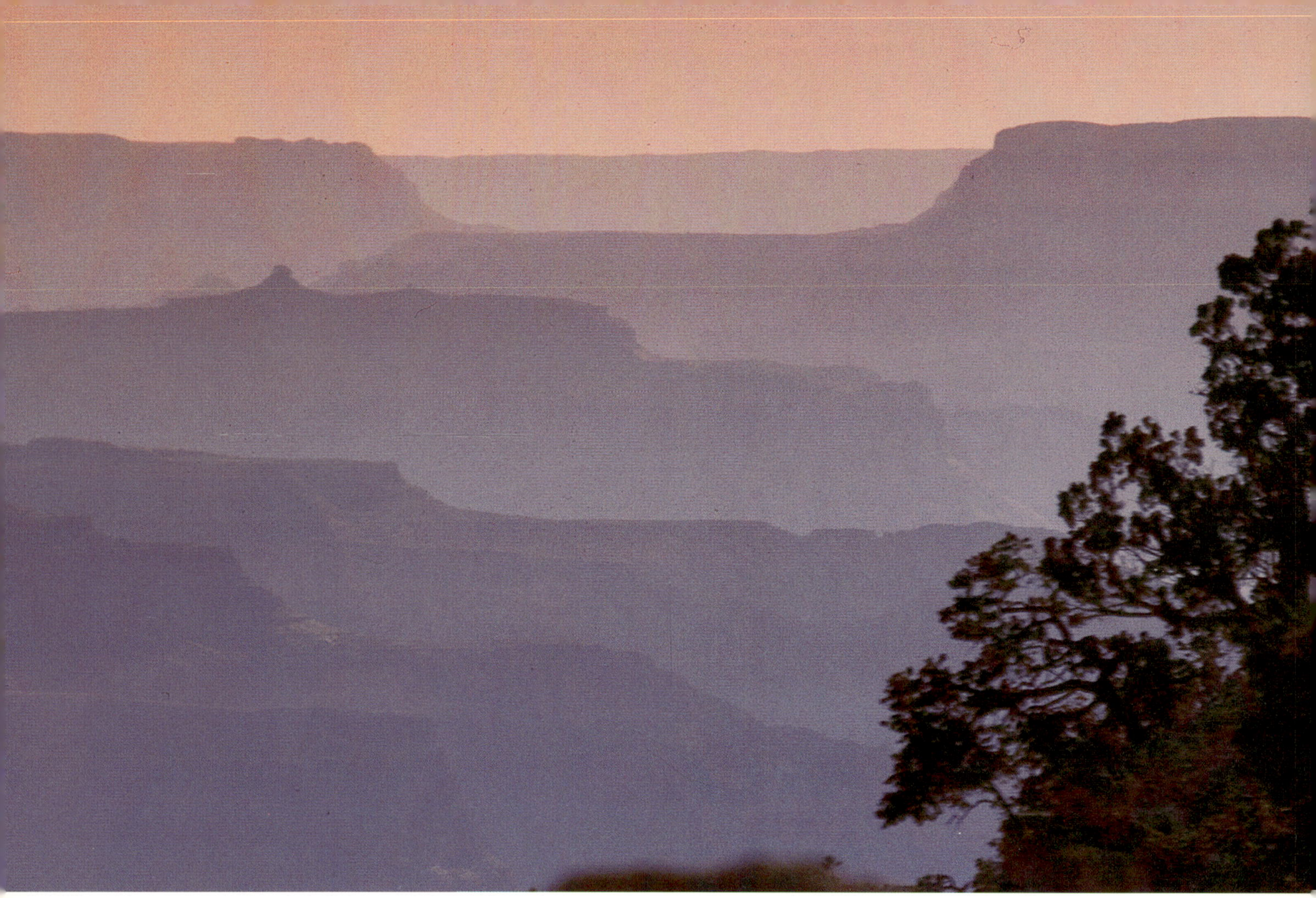

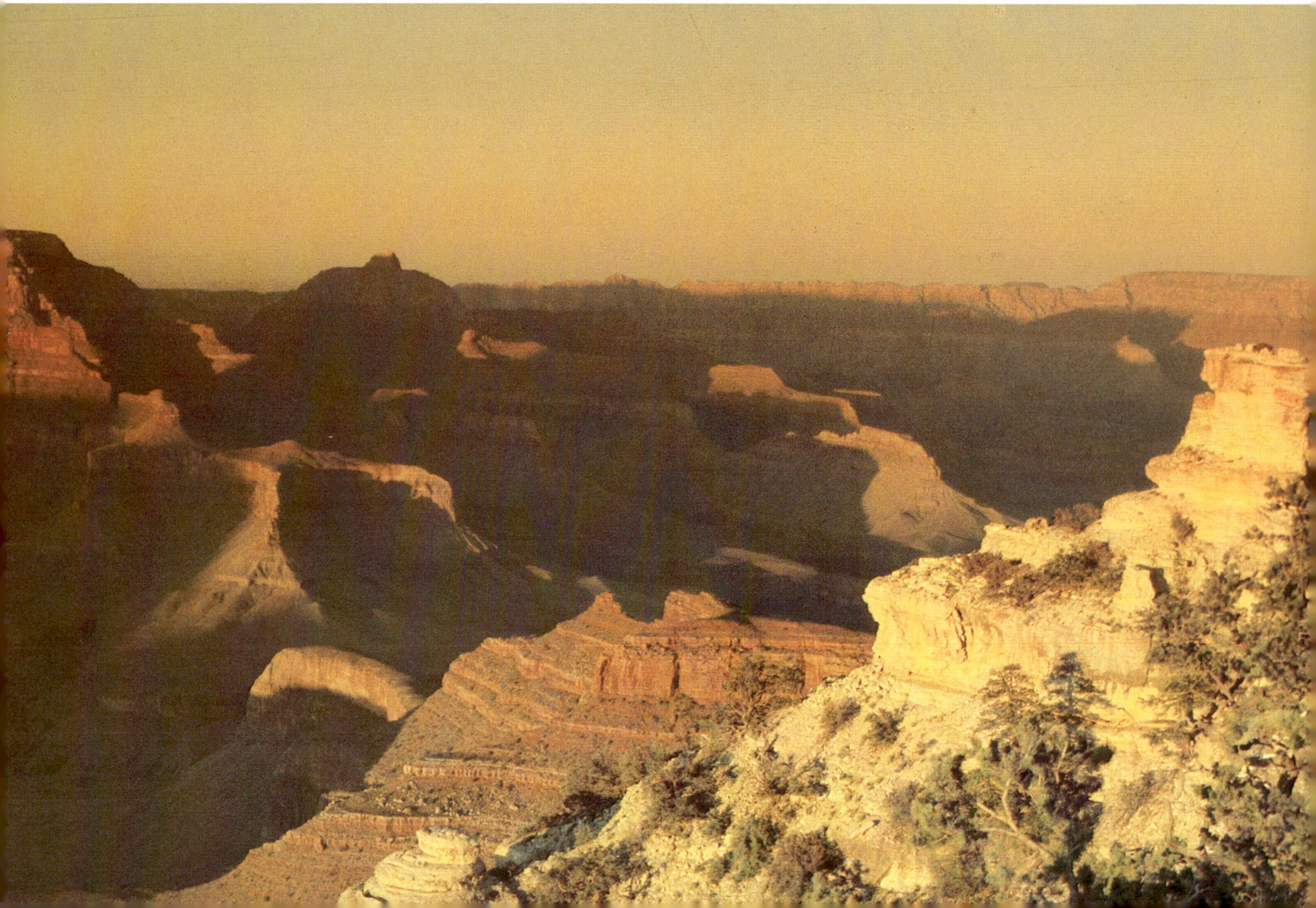

In den Spring
Mountains bei Las Vegas
(1. Doppelseite).
Blick vom Towne Pass
aufs Death Valley –
Einfahrt in das Todestal
– Salzkruste im
Devil's Golf Course
(2. Doppelseite).
Urlandschaft am Zabris-
kie Point/Death Valley
(3. Doppelseite).
Rast am 1000 Meter
tiefen Abgrund des
Grand Canyon
(4. Doppelseite).
Vielfalt des Colorado:
Schluchtenlabyrinth
im Grand Canyon (links
außen), ‚Puppenstadt'
Lake Havasu (links)
und Hoover-Staudamm
(unten)

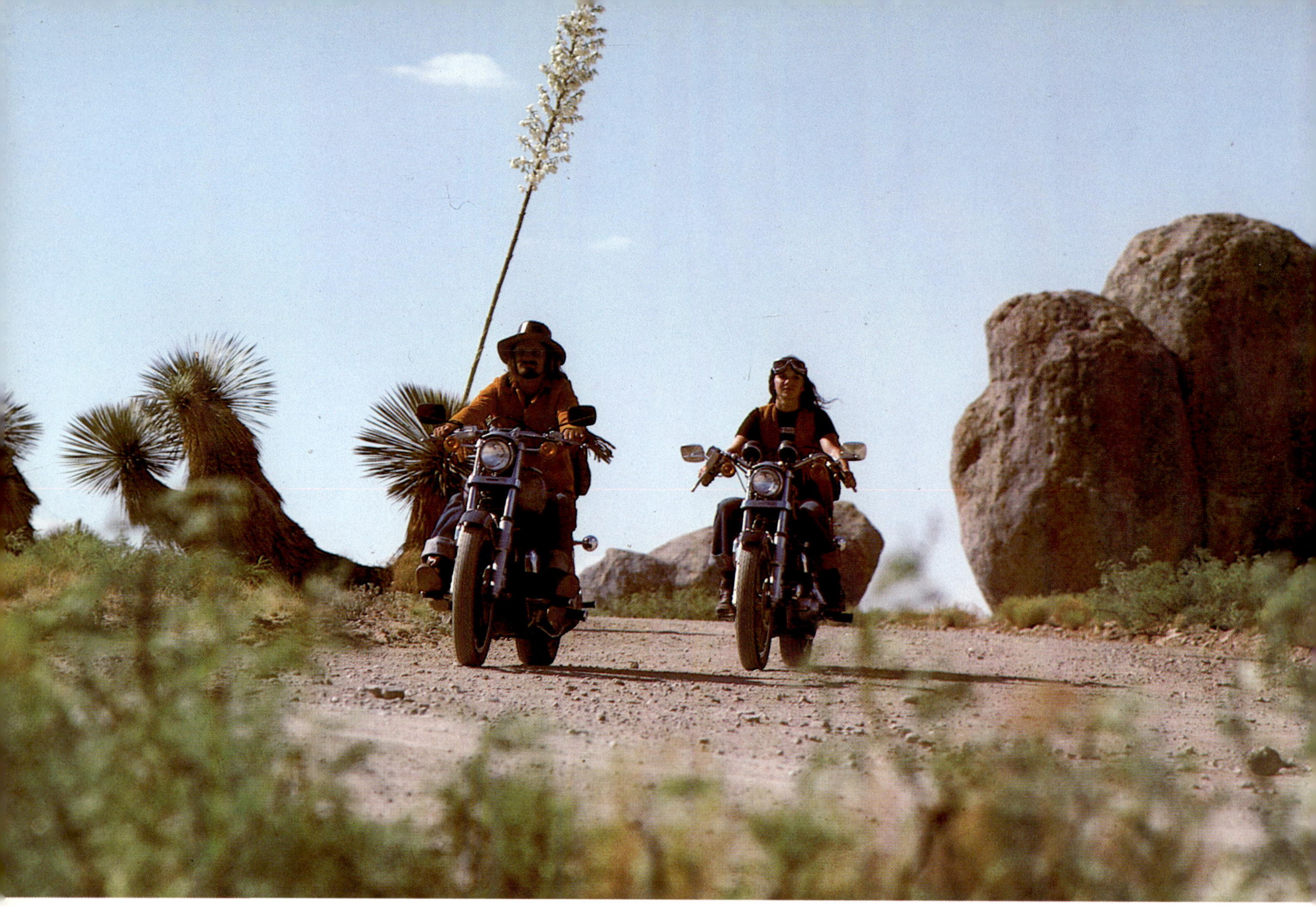

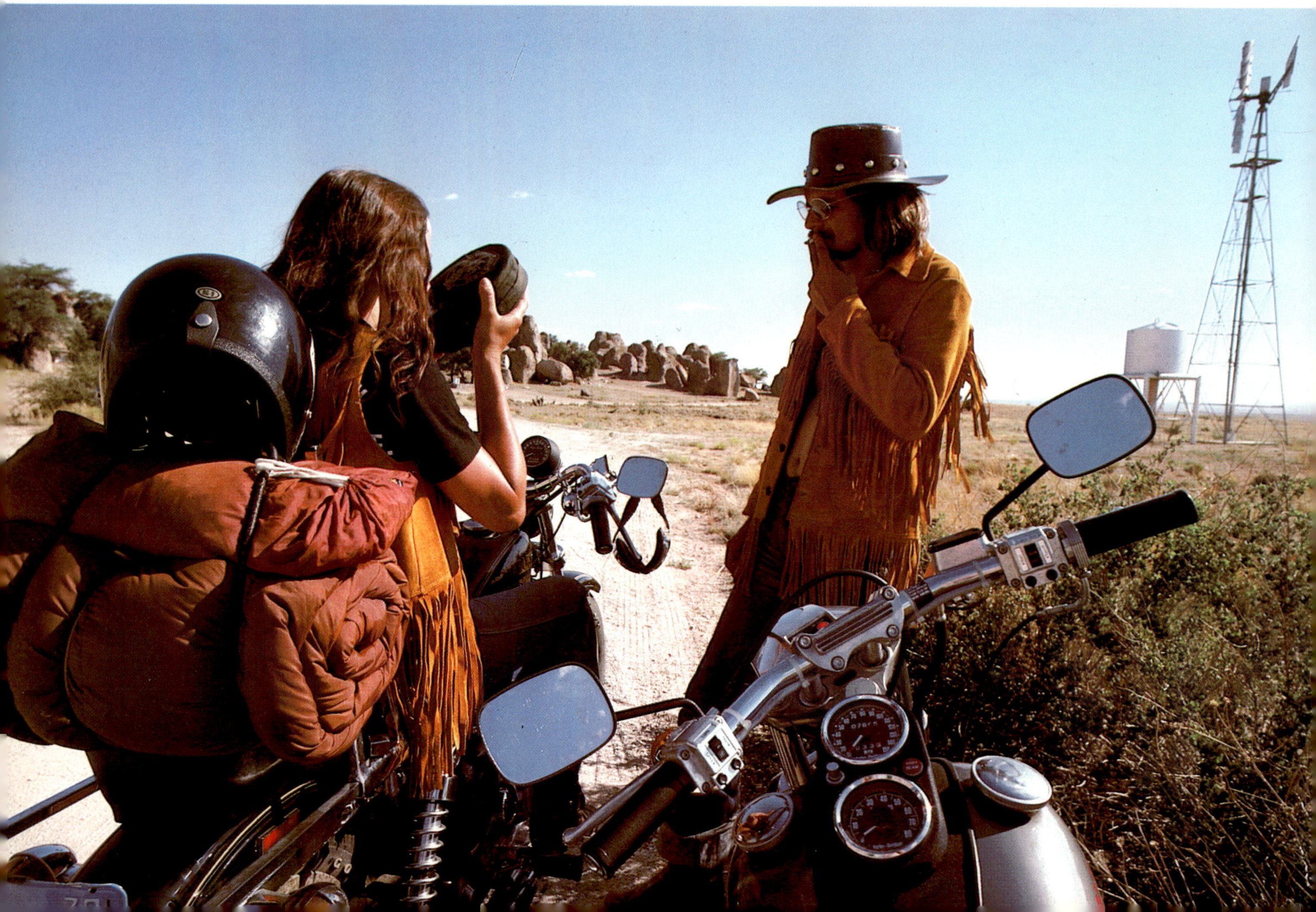

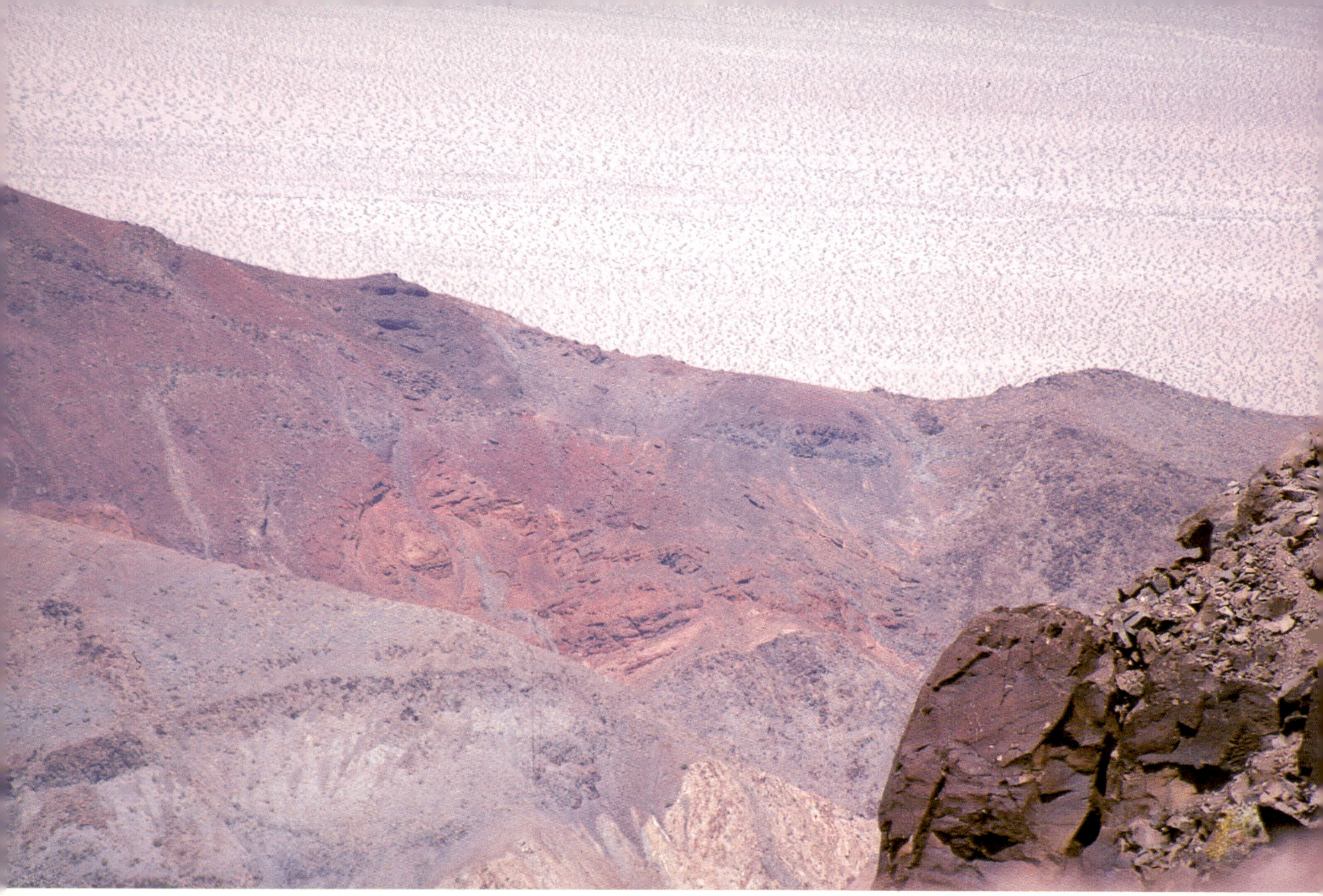
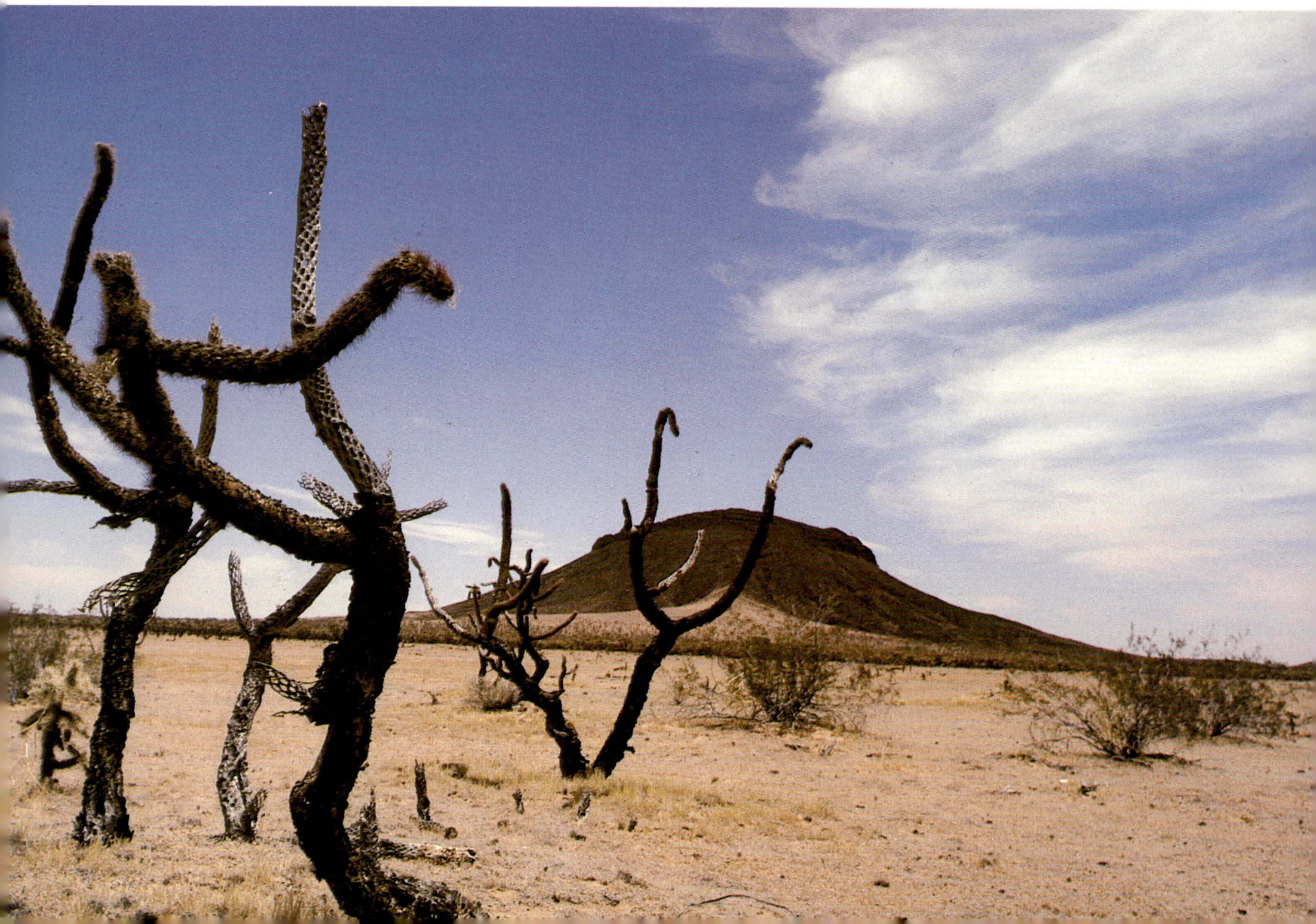

# Die zehn Minuten genügen dem Fahrtwind, alles Wasser aus dem Körper zu pressen. Der heiße Staub trocknet Mund und Nase aus

Auf des Teufels Kornfeld ist der Weizen dünn gesät. Ein paar kahle Halmbüschel fristen dort ihr karges Dasein zwischen Steinen und salzigem Wüstensand. Von 50 Millimetern Niederschlag im Jahr müssen sie leben. Denn in der Vorhalle zur Hölle gibt es nur Sonnenglut im Überfluß.

Kaum mehr als eine Handbreit Schatten spendet das Hinweisschild auf ‚Devils Cornfield‘ am Rand der Staatsstraße 190. Vier Motorradfahrer, gut acht Tage alte Stoppelbärte in den sonnenverbrannten Gesichtern, die Augen vom glutheißen Wüstenwind gerötet, stehen ratlos vor Ingrids 1000er Harley. „Ich fürchte, wir können euch da auch nicht weiterhelfen", murmelt einer verlegen und zeigt auf das Hinterrad der schweren Maschine. Schlaff und klebrig hängt der dicke Fünfzollreifen auf der Felge. Mit dem Schlauch ist nichts mehr anzufangen: Durch ein faustgroßes Loch hauchte er sein Leben auf dem 90 Grad heißen Asphalt der US 190 aus.

„Motorradfahrer sieht man selten hier im Sommer", hatte der Tankwart am Drugstore in ‚Stovepipe-Wells‘ mit nachdenklichem Blick auf unsere beiden Harleys gesagt. Kein Wunder: Tag für Tag klettert das Thermometer auf 125 Grad Fahrenheit – 52 Grad Celsius – im Schatten. Von der Tankstelle am Westrand des kalifornischen ‚Death Valley‘ führt die Straße schnurgerade zu einer flachen Mulde. In dieser Senke – ein paar Fuß unter Meereshöhe – liegt ‚Devils Cornfield‘. Im 55-Meilen-Tempo dauert die Fahrt dorthin knapp zehn Minuten. Diese zehn Minuten genügen allerdings dem Fahrtwind, alles Wasser aus dem Körper zu pressen. Plötzlich wird der Helm zu eng, das Gesicht schwillt an wie nach einem Moskitoüberfall. Heißer Staub lässt das Atmen schwerfallen, trocknet Mund und Nase aus. Schweiß brennt in den Augen. Das ‚Tal des Todes‘ hält den Hitze-Weltrekord: Er liegt bei 60 Grad Celsius im Schatten.

Die heißeste Wüste der Welt trägt den Namen ‚Death Valley‘ nicht umsonst. Von den 30 Pionieren, die 1849 schneller als die anderen die Goldfelder Kaliforniens erreichen wollten, haben nur zwölf das 18 Kilometer breite, 220 Kilometer lange Tal wieder verlassen. Die Opfer der Goldrausch-Tragödie wurden Jahre später im Wüstensand gefunden: Sie waren nur 300 Meter von einer Quelle entfernt verdurstet.

Ein Sommertrip durchs ‚Tal des Todes‘ ist auch heutzutage nicht ganz ungefährlich. ‚Verlassen Sie bei einer Panne auf keinen Fall den Wagen‘, heißt es ausdrücklich in den ‚Überlebens-Tips‘, die ‚Death-Valley‘-Besucher am Eingang des Nationalparks gratis mitbekommen. Im Notfall kann auf die Hilfe der Park-Rangers gezählt werden: Mehrmals am Tag fahren sie alle befestigten Straßen des ‚Death Valley‘ ab. Wer trotzdem auf eigene Faust losmarschiert, riskiert dabei sein Leben. Denn in der prallen Wüstensonne verliert der Körper einen Liter Flüssigkeit pro Stunde. ‚Halten Sie sich deshalb nur im Schatten auf‘, fordert die Survival-Broschüre.

Mit diesem wohlgemeinten Ratschlag ist uns freilich nicht viel geholfen. Schließlich bietet selbst die dickste Harley kaum nennenswerten Schatten. „Für eine Reifenpanne", bestätigen uns die vier Motorradfahrer beim Abschied, „ist das der dümmste Platz der Welt".

Wir wagen nicht, daran zu zweifeln. Den defekten Schlauch tagsüber auszuwechseln, wäre in der Gluthitze purer Leichtsinn. Wir müssen bis zum Abend warten. Schweren Herzens entschließen wir uns, die Tausender am Straßenrand zurückzulassen.

Freunde in Los Angeles hatten uns für die Reise zwei Harleys – eine ‚Low Rider‘ und eine ‚Sportster‘ – geliehen. Motorräder gibt es in Amerika kaum zu mieten. Wer die Transportkosten für die eigene Maschine von Europa nach den Staaten und zurück scheut – insgesamt rund 1000 Mark – kann ‚drüben‘ auch eine ‚Gebrauchte‘ erwerben. Motorräder aus zweiter Hand werden in den USA wesentlich günstiger angeboten als in Deutschland.

Die nächsten Meilen zu zweit auf der ‚Low Rider‘ sind ein Motorradtrip zur Hölle. Alle fünf

**Nach dem Besuch in El Paso durchqueren wir die Steinwüste ‚City of Rocks‘ bei Silver City und passieren die Grenze von New Mexico nach Arizona. Kurz vor Tombstone schlagen wir die Zelte neben einer Stechpalme auf (vorhergehende Doppelseiten). Erinnerungen ans Death Valley: Die mörderische Lava-Wüste in Mexico (links)**

# Der Gedanke an ein kühles Schwimmbad kann einem beim Reifenwechseln im Tal des Todes an den Rand des Wahnsinns treiben

Minuten müssen wir anhalten, um aus der Feldflasche zu trinken. Nur ein paar Sekunden dauert es, bis die Hitze uns alles Wasser wieder aus den Poren treibt.

Im ‚Furnace-Creek‘-Hotel, fünfzehn Meilen südlich von ‚Devils Cornfield‘ gelegen, warten wir bei Steaks und eiskaltem Bier den Abend ab. Der Wüstenwirt ist auf durstige Gäste eingerichtet: Er serviert das Pils in sogenannten ‚Pitchern‘, überdimensionalen Maßkrügen mit stattlichen zweieinhalb Litern Inhalt. Natürlich hat die Zivilisation in der Wildnis des ‚Death Valley‘ ihren Preis. Wer sich von den Strapazen eines Wüstentages nachts im komfortablen Hotelzimmer bei Aircondition-Temperaturen erholen will, muß dafür rund 55 Mark auf den Tisch legen.

Übernachtungen sind freilich nicht überall in Amerika eine derart kostspielige Angelegenheit: Die Motel-6-Gruppe – in fast allen größeren Städten Nordamerikas vertreten – verlangt für ein Bett einheitlich rund 10 Dollar pro Nacht. Paare sind besser dran: Ein Doppelbett kostet nur einen Dollar mehr als ein ‚Single’. Vier Personen – in zwei Doppelbetten untergebracht – kommen sogar mit insgesamt rund 16 Dollar davon. Zu diesem vergleichsweise bescheidenen Tarif bietet jedes ‚Motel 6‘ saubere Zimmer mit Dusche, WC, Waschgelegenheit und – gegen einen Aufpreis von 75 Cents – den Schlüssel zum Schwarz-Weiß-Fernseher. Die meisten Häuser dieser Motel-Kette verfügen zudem über eigene Swimming-Pools.

Der Gedanke an ein kühles Bad im Hotel-Schwimmbecken kann einen beim Schlauchwechseln abends im ‚Death Valley‘ an den Rand des Wahnsinns bringen. Selbst nach Sonnenuntergang strahlt der Wüstenboden so viel Wärme ab, daß die Lufttemperatur der Hitze des Tages kaum nachsteht. Das Thermometer am ‚Furnace

Creek‘-Hotel zeigt noch immer 38 Grad Celsius an, als wir bei Dunkelheit zu Ingrids ‚Sportster‘ zurückfahren.

Nur mit äußerster Anstrengung gelingt es uns, die Fünf-Zentner-Maschine mit dem Motorblock auf einen großen Stein zu hieven: Schließlich muß das Hinterrad zum Ausbauen frei in der Luft hängen. Nach zwei Stunden schweißtreibender Schwerstarbeit steht die Tausender wieder auf den Rädern. Völlig erschöpft bauen wir an Ort und Stelle unser Zelt auf.

Am nächsten Morgen weckt uns die Glut der ersten Sonnenstrahlen. Nicht einmal Klapperschlangen wagen sich in der mörderischen Hitze eines ‚Death-Valley‘-Tages aus ihren Verstecken. „Nach zehn Minuten in der prallen Sonne wären die bei lebendigem Leib gargekocht“, erklärt uns ein Park-Ranger. Dennoch hat es Leute gegeben, die früher Tag für Tag in den Borax-Werken des ‚Death Valley‘ ihrer Arbeit nachgegangen sind. Borax – einziger Reichtum des toten Tals – ist ein Mineral, das zur Wasserenthärtung dient und bei der Emaille-Glasur Verwendung findet. Hin und wieder hat auch das Goldfieber verwegene Einzelgänger in die Wüste getrieben. Schlichte Holzkreuze, mit einem Steinhaufen davor, erinnern an ihr Schicksal.

Für einen Einzigen nur ist der Traum vom großen Reichtum im tristen ‚Tal des Todes‘ in Erfüllung gegangen. ‚Death-Valley-Scotty‘ – eigentlich hieß er Walter Scott – hat sich im Norden des Tals ein 3-Millionen-Dollar-Schloß im König-Ludwig-Stil gebaut: Eine Art Neuschwanstein in der Wüste, mit einer gehörigen Portion amerikanischem Kitsch angereichert. Woher das Geld dazu stammte, kann bis heute niemand sagen. Die einen glauben an eine geheimnisvolle Goldmine irgendwo in den Panamint-Bergen, die anderen tippen eher auf Scottys millionenschweren Freund und Partner aus Chikago. Inzwischen ist das Wüstenschloß zum National-Denkmal geworden: Alljährlich im Winter pilgern bis zu 25 000 Besucher pro Tag nach ‚Scottys Castle‘.

Die Sonne ist längst untergegangen, als wir das ‚Death Valley‘ verlassen. Dennoch folgt uns die Glut der Wüste bis auf den Gipfel des ‚Jubilee‘-Passes im Süden. Todmüde und durstig, Arme und Gesichter von Staub und Teerspritzern überzogen, stellen wir spät in der Nacht die Harleys vor einem Motel in Shoshone ab.

In Kalifornien lacht der Sonnenschein des

**Selbst im Schatten der spanischen Kirche in Ajo macht die 48 Grad heiße Luft das Atmen zur Qual. Wie unerträglich muß es erst in den Minen der alten Kupferstadt sein? Die folgende Doppelseite zeigt die mächtigen Saguaro-Kakteen im Organ Pipe Cactus National Monument, einem Naturpark an der mexikanischen Grenze**

101

# Die legendäre ‚Route 66' – ehemalige Traumstraße der Tramps und Abenteurer – heißt heute völlig unprosaisch Interstate 40

morgens schon vom Fühstücksteller. Denn auf die obligatorische Frage der Bedienung – „Wie hätten Sie die Eier gern?" – lautete die Antwort stets „sunny side up, please" (mit der Sonnenseite nach oben, bitte). Nur mit der Sonne weniger vertraute Mitteleuropäer bringen es fertig, ihre Spiegeleier „both sides fried" (auf beiden Seiten gebraten) zu bestellen. Das amerikanische Frühstück kann durchaus opulent ausfallen: Wer Spiegeleier mit Schinken oder Speck nicht mehr sehen kann, bekommt meist für rund 3 Dollar ‚Steak New York' angeboten – ein kleines Rindersteak, natürlich mit Spiegelei garniert. Der Frühstücks-Kaffee wird in beliebigen Mengen ohne Preisaufschlag nachgeschenkt. Für die verwöhnten Geschmacksnerven europäischer Kaffee-Kenner gilt er allerdings als herbe Belastungsprobe.

Trotzdem wage ich nicht ‚nein' zu sagen, als mir in Shoshone ein Beamter der ‚Highway-Patrol' (Landstraßen-Polizei) eine weitere Tasse Kaffee eingießen will. Ein bißchen mulmig ist mir schon in meiner Haut, im ungepflegten Gammel-Look, mit Bart und langer Mähne, neben einem Polizisten am Frühstückstisch zu sitzen. Doch steter Sonnenschein prägt die Gemüter aller Kalifornier: Er fragt nicht, woher wir kommen und wohin wir fahren. Nicht einmal die Papiere für die teuren Motorräder vor der Türe will der Beamte sehen. „Have a nice day" (schönen Tag noch) wünscht er freundlich zum Abschied. Einen schönen Tag zu haben ist das erste Gebot des ‚californian way of live'. Trübsinn gilt hier fast als Todsünde.

Selten genug bietet sich auf unserem Trip durch den dünnbesiedelten Westen Amerikas eine Gelegenheit, die freundliche, offene Art der Bewohner dieses Landes zu genießen. Stundenlang bummeln wir im 55-Meilen-Tempo mit unseren Harleys über gottverlassene Highways.

Erst am Hoover-Damm in Nevada treffen wir wieder Menschen. In Scharen drängen sich Touristen am Geländer der gigantischen Talsperre. Der Hoover-Damm staut das smaragdgrüne Wasser des Colorado-River zu einem riesigen See. Von hier aus wird ein großer Teil des amerikanischen Westens mit Strom versorgt. Freilich zum Leidwesen der Mexikaner: Weiter im Süden kriecht der ehemals stolze Fluß als kümmerliches Rinnsal über die Grenze.

Doch auch im Westen der Vereinigten Staaten haben Zivilisation und Technik ihre Spuren hinterlassen. Die legendäre ‚Route 66' zählt zu den Opfern des Fortschritts. „Get your kicks on route sixtysix" (komm raus auf die Route 66, wenn du was erleben willst), heißt der Refrain einer mehr als 20 Jahre alten amerikanischen Rock'n'Roll-Nummer. Doch die ehemalige Traumstraße der Tramps und Abenteuerer ist bis auf ein kurzes Stück begradigt worden und nennt sich heute ‚Interstate Highway 40'. Unter den breiten Asphalt-Bändern dieses Autobahnmonsters liegen die letzten Reste amerikanischer Landstreicher-Romantik im Stil des Jack Kerouac und alter Rolling-Stones-Lieder begraben.

Eine weitere Kategorie amerikanischer ‚Zug-Vögel' ist dem technischen Fortschritt inzwischen zum Opfer gefallen: die ‚Hobos', Eisenbahn-Tramps, die zur Dampflok-Zeit per Güterzug quer durch die Staaten fuhren. Moderne Diesellokomotiven beschleunigen die Züge heutzutage in drei Minuten von Null auf Tempo 110; geschlossene Container-Waggons lassen den ‚blinden Passagieren' keine Möglichkeit zum Aufspringen.

Der überdimensionale Goldwäscher lädt zum Spiel ins Gold Strike Inn am Lake Mead, dem Stausee des Hoover Damms

# Die Indianer vegetieren in ihren Reservaten am Rande der Gesellschaft dahin. Viele von ihnen sind dem Alkohol verfallen

Trotz allen Fortschritts-Glaubens sehnen sich viele Amerikaner nach Abenteuer-Romantik aus der Pionierzeit ihres Landes zurück. Die Vorliebe für alles, was auch nur im entferntesten nach Tradition aussieht, zeigt ‚London Bridge‘ am ‚Lake Havasu‘ in Arizona: Mitten in der Wüste wurde eine Londoner Themse-Brücke Stein für Stein wieder aufgebaut.

Für den Mangel an Tradition und gewachsener Kultur entschädigt das Land seine Bewohner durch die grandiosen Naturschönheiten des Südwestens. Zu Tausenden strömen die Amerikaner in die ‚National Monuments‘, die Naturparks des ‚Monument Valley‘, ‚Painted Desert‘ und ‚Petrified Forest‘. Ihre Natur-Begeisterung kann bisweilen ziemlich nervtötend wirken: Abend für Abend preist ein tausendstimmiger Chor von Entzückensrufen den Sonnenuntergang am Grand Canyon. Gut 1600 Meter tiefer, in der Schlucht des Colorado, leben die früheren Herren dieses Landes: die Indianer.

Wenigstens der tägliche Touristen-Rummel bleibt ihnen dadurch erspart. „Es gibt nur zwei Möglichkeiten, zu den Indianern zu kommen: Entweder per Hubschrauber – oder du gehst zu Fuß“. Jim, Pilot einer zweimotorigen Sportmaschine der ‚Grand Canyon Airlines‘, zeigt mit dem Daumen abwärts. „Dort unten leben die Havasupai-Indianer“, plaudert er fröhlich vor sich hin. „Denen geht es gut: Die Regierung hat ihnen moderne Häuser hingestellt, mit Strom und fließendem Wasser“.

Zwanzig Minuten dauern die Grand-Canyon-Rundflüge mit ‚Scenic Airlines‘ oder der ‚Grand Canyon‘-Fluggesellschaft. Der Spaß, sich von rauhen Böen über der Schlucht gründlich durchbeuteln zu lassen, kostet 35 Dollar. Der Preis fürs Frühstück ist dabei allerdings nicht mitgerechnet . . .

Nach der Landung entschuldigt sich einer der Fluggäste für die flapsigen Bemerkungen des Piloten zum Indianer-Problem. „Mein Gott, welch ein Tausch“, murmelt der Mann kopfschüttelnd; „ein ganzes Land und die Freiheit gegen Wellblech-Hütten mit Strom und fließend Wasser“!

Rund 800 000 Indianer haben 1492, im Jahr der Entdeckung, nach Schätzungen der US-Bürgerrechts-Kommission in Amerika gelebt. Völkerkundler sprechen dagegen von 12 Millionen Ureinwohnern. Eines steht in jedem Fall fest: 1870 lebten nur noch 26 000 Indianer in Nordamerika. Ganze Stämme waren untergegangen, andere hatte man umgesiedelt, auf Todesmärsche geschickt oder jahrelang in KZs festgehalten, nachdem ihre Siedlungsgebiete und Jagdgründe durch Obstplantagen, Maisfelder und Weideanlagen zerstört worden waren.

Tatsächlich zeigen sich die meisten weißen Amerikaner über das Unrecht ihrer Vorfahren betroffen. Den Indianern ist damit wenig geholfen: Vor den Trümmern ihrer Kulturen, der Heimat beraubt, vegetieren sie in ihren Reservaten am Rande der Gesellschaft dahin. Sie leben vom Schmuckverkauf oder leisten in Restaurants oder Tankstellen untergeordnete Hilfsarbeiten. Die Existenz als Menschen zweiter Klasse hat den Stolz der Indianer gebrochen: Viele sind dem Alkohol verfallen. Der Preis, den sie für die Niederlage ihrer Ahnen gegen den weißen Mann noch heute zu bezahlen haben, ist reichlich hoch. Dabei hätte dieses Riesenland doch wahrlich Platz für alle geboten. Oft genug fahren wir in Texas kilometerweit über das Gebiet einer einzigen Rinderfarm.

Je weiter wir nach Süden kommen, desto unbehaglicher erscheint uns die Atmosphäre in den Restaurants und Truck-Stops. Die üblen Schlußszenen aus dem Film ‚Easy Rider‘ vor Augen, entschließen wir uns zu einer Gewalttour durch die Südstaaten nach New Orleans. Fast drei Tage lang fahren wir Non-Stop; nur zum Tanken und zum Übernachten wird angehalten. Trotzdem spüren wir Argwohn und Ablehnung der puritanischen Südstaatler gegen alles Fremde und Andersartige. ‚Zur Hölle mit Niggern, Schwulen und Kriegsdienstverweigerern‘, steht in fetten, roten Lettern an der Pissoirwand eines Truck-Stops in Lousiana. Das monotone Grün des Mississippi-Deltas zerrt zudem an unseren Nerven: Endlose Sumpfwälder säumen den schnurgeraden Highway.

Erst in New Orleans können wir aufatmen. Das ‚French Quarter‘, Vergnügungsviertel der Mississippistadt, bietet des nachts Abwechslung zur Genüge. Gleich auf den ersten zwanzig Metern der ‚Bourbon Street‘ laufe ich einem alten, versoffenen ‚Aufreißer‘ geradewegs in die Arme. Der Kerl hat eine Stimme wie ein Rothirsch zur Brunftzeit. „Die Mädchen unserer Show“, brüllt er mir ins Ohr, „sind die schönsten auf der ganzen Welt“. Das sagen freilich alle ‚Schlepper‘ auf der ‚Bourbon Street‘. Doch wer aus dem träge dahin-

# Im ‚House of the rising suns' sind die Mädchen wirklich Mädchen. ‚Rent a chick' steht auf der Eingangstür des Bordells

fließenden Strom neugieriger Touristen und amüsierwütiger Tramps Kundschaft für sein Etablissement herausfischen will, muß sich schon was Besonderes einfallen lassen. „Unsere Tänzerinnen sind allesamt Männer", fügt der Alte deshalb lautstark hinzu.

Ein paar hundert Meter weiter, im berühmten ‚House of the rising suns', sind dafür die Mädchen wirklich Mädchen. Zumindest fordert ein Plakat an der Eingangstüre des Bordells auf: „Rent a chick", was zu deutsch schlicht „miet dir mal ein Mädchen" heißt. Die Amüsier-Läden des ‚French Quarter' sind allesamt vor allem dazu da, Touristen zu neppen. Ein mieses Abendessen erleichtert uns gleich um 20 Dollar. Dafür hätten wir die ‚Low Rider' sechsmal auftanken können. Die Toilette des ‚Feudal-Restaurants' wäre auch Abgebrühten zuwider gewesen: „Schrecklich, nicht wahr?", sagt der Kellner im Frack mit einer Miene, als würde er seit Jahren auf die Beschwerden seiner Gäste stets die gleiche Antwort geben.

Nachts, im bunten Neonlicht der Bars und Jazzkneipen, wenn die ‚Aufreißer' vor den Türen ihrer Amüsier-Schuppen gegen den lauten Jazz und Blues anbrüllen, der aus allen Fenstern dringt, gaukelt das alte Vergnügungsviertel von New Orleans unbeschwerte Lust am Leben vor. Doch am Morgen – ohne Neonglanz – wirkt das ‚French Quarter' nur noch dreckig und kaputt. Die Straßen stinken nach Urin und Erbrochenem, umgestürzte und zerplatzte Müllsäcke säumen die Gehsteige. Der Sprengwagen der Stadtverwaltung, der morgens ab halb acht durch die Straßen kurvt, steht gegen den Gestank ebenso auf verlorenem Posten wie der regelmäßige Wolkenbruch am Nachmittag, dessen Wassermassen den Unrat lediglich bis an die Gulliränder spülen.

New Orleans liegt auf dem gleichen Breitengrad wie Kairo. Nur drei Tage lang halten wir das schwüle, subtropische Klima der Hafenstadt aus. Dann bummeln wir im vorgeschriebenen 55-Meilen-Tempo über Baton Rouge zurück durch das monotone texanische Flachland.

Hinter Amarillo geraten wir in einen Sandsturm. Heftige Windböen zerren an den Helmen, schleudern uns nadelfeinen, gelben Sand entgegen. Vor uns türmt sich am Horizont eine mächtige, graublaue Gewitterfront auf. Als die ersten dicken Tropfen auf den Asphalt klatschen, halten wir am Straßenrand neben einer riesigen Rinderfarm an. Tausende von schwarzen Kühen und Bullen drängen sich brüllend hinter den Gattern. Die Tiere halten die Köpfe zu Boden gesenkt. Der Wind weht den scharfen Geruch ihrer Körper über die Straße.

Das Gewitter hat die Luft stark abgekühlt. Zum ersten Mal seit unserer Abreise in Los Angeles fahren wir mit Handschuhen und dicken Anoraks weiter nach El Paso. Dort wartet Oscar auf uns, ein Mexikaner, der in der Großstadt am Rio Grande mit Motorradzubehör handelt. Wir hatten ihn unterwegs in Arizona kennengelernt. Oscar wird für uns zum Sinnbild amerikanischer Gastfreundschaft: Drei Tage lang zeigt er uns jeden Winkel der 365 000-Einwohner-Stadt im texanischen Süden.

Der ‚Rio Grande' bildet die Grenze zwischen Amerika und Mexiko. Sein stolzer Name – ‚Großer Fluß' – erscheint angesichts der knapp zehn Meter auseinanderliegenden Ufer reichlich übertrieben. Den mexikanischen Rauschgifthändlern kommt die bescheidene Breite des Grenzgewässers gelegen: „Die werfen das Zeug einfach zu uns rüber",erklärt Oscar. Der Grenzübergang

**‚Wells Fargo' – In dieser verlassenen ghost town werden Erinnerungen an bekannte Wildwest-Filme wach**

# Tombstone gedieh zur wildesten Stadt des Wilden Westens. Jeden Morgen konnte das Lokalblättchen einen Toten bekanntgeben

zwischen dem mexikanischen Juarez und El Paso wird freilich noch aus einem weiteren Grund streng bewacht: „Die USA", so Oscar, „fürchten die illegalen Einwanderer aus dem verarmten Nachbarland". Manchmal dauert die Einreise von Mexiko nach den Vereinigten Staaten ein paar Stunden lang.

In umgekehrter Richtung geht die Abfertigung dafür umso schneller. Die Mexikaner sind über jeden froh, der Devisen ins Land bringt. Doch trotz der Jagd nach US-Dollar halten sich die Preise in Grenzen: Vor allem Schmuck und Lederwaren lassen sich auf dem bunten Markt von Juarez recht günstig erstehen. „Du mußt nur die Geduld aufbringen", schärft uns Oscar vor dem Einkaufsbummel ein, „auch mal eine halbe Stunde lang zu feilschen".

Unsere neuen Fransen-Lederjacken und die breitkrempigen Hüte aus Juarez sind gerade der richtige Aufzug für die Feier des Unabhängigkeits-Tages in Silver City/Arizona. Am 4. Juli, dem ‚Geburtstag' der Vereinigten Staaten, zeigt die riesige Digitaluhr eines Bankgebäudes auf der Main Street schon um 10 Uhr morgens 91 Grad Fahrenheit (30 Grad Celsius) an und – Fluch der modernen Technik – den 3. Juli!

Die Bürger von Silver City lassen die Festtags-Parade reichlich gelangweilt über sich ergehen. Lediglich eine braungebrannte Bikini-Schönheit, die auf einer großen, fahrbaren Geburtstags-Torte durch die Straßen gerollt wird, reißt einige für ein paar Augenblicke aus dem Halbschlaf. „Mit traditionellen Festtagen ist es immer der gleiche Jammer", klagt eine nette ältere Dame aus dem Organisationskommitee. „Die Leute wollen einen faulen Tag haben und suchen nur nach einem Anlaß, um sich sinnlos zu besaufen".

In Rodeo, einem winzigen Nest im Süden Arizonas, haben die drei Gäste des Saloons schon um zwei Uhr nachmittags ihr Quantum gewaltig überschritten. Einer von ihnen, ein etwa dreißigjähriger Farmarbeiter mit brutaler Schläger-Visage, sucht offensichtlich Streit. „Riechst du was?", pöbelt er mich am Tresen an. „Hier riecht's unheimlich nach Stunk!" Dann wankt er von der Bar weg in einen Nebenraum und murmelt irgendwas von einem, den er „heute noch umlegen" müsse. Wir schütten unser Coke runter und sitzen auf den Harleys, bevor er zurückkommt.

Der ‚Texas-Canyon', ein schmaler, staubiger ‚dirt track' (unbefestigte Schotterstraße), führt 100 Kilometer weit durch die Berge Arizonas. Lichte, niedere Kiefernwälder säumen den Weg, auf dem schon die Pioniere vor hundert Jahren nach der legendären Westernstadt Tombstone geritten waren. Die meisten von ihnen werden sich der Silberstadt im Süden Arizonas freilich mit gemischten Gefühlen genähert haben. „Das einzige, was du dort finden kannst, ist dein Grab", hatten Freunde dem jungen Ed Schieffelin prophezeit, als er 1877 in die Berge zog, um dort nach Silber zu suchen. Seine ersten Erfolge lockten bald weitere Abenteurer an. Ein Jahr später wurde das junge Städtchen getauft: ‚Tombstone' (Grabstein) heißt es seither.

Bald schon zeigte sich, daß die Pioniere ihrem rasch aufblühenden Ort einen durchaus treffenden Namen verpaßt hatten: Tombstone gedieh zur wildesten Stadt des Wilden Westens. Der Tombstone Epitaph – das Lokalblättchen – konnte jeden Morgen einen Toten melden. Die berühmteste Schießerei des Westens ging natürlich ebenfalls in Tombstone über die Bühne: Der ‚Gunfight' zwischen den Gebrüdern Earp und dem ‚Clanton-Clan' forderte 1881 innerhalb einer Minute vier Tote und vier Schwerverletzte. Noch heute erinnern mehr als hundert Einschußlöcher in Decke und Wandverkleidung des ‚Bird Cage Theatre' – dem Vergnügungslokal der Stadt – an Tombstones wilde Tage.

Im ‚Crystal Palace' – ein paar hundert Meter weiter – ging es schon wesentlich kultivierter zu. Das Haus ist noch heute erster Saloon am Ort.

An der Theke des ‚Kristallpalasts' sitzt Harry vor einem Glas Bier. Er trägt einen schwarzen Hut, schwarzes Hemd, schwarze Hose und schwarze Cowboy-Stiefel. 70 Jahre ist er alt; seit fünf Jahren lebt er in der Stadt, weil die heiße, trockene Luft im Süden Arizonas gut ist für sein Asthma. Harry liebt die Geschichte, von der Tombstone heute lebt. Er genießt es, durch die gleichen Straßen zu laufen wie Wyatt Earp vor 100 Jahren, bis er sie trifft, die Helden, draußen auf dem ‚Boothill Graveyard', dem Friedhof von Tombstone. Eigentlich, so hatten ihm die Ärzte erklärt, sei seine Uhr längst abgelaufen. Seitdem lebt Harry in Frieden: Er trägt keine Uhr mehr.

Vorbei an den Grabkreuzen der sagenumwobenen Wildwest-Helden führt die Straße von Tombstone aus nach Süden. Wir zelten abends unter den zehn Meter hohen Kaktus-Riesen des ‚Organpipe-Cactus'-National-Monuments. Die

# Die Geier drehen nur ihre nackten, widerlichen Hälse, als wir vorbeifahren. Automatisch greife ich nach der Wasserflasche . . .

Campingfreude währt allerdings nicht lange: „Wild zelten", klärt uns ein freundlicher Park-Ranger auf, „ist in allen Nationalparks verboten". Er zeigt uns den Weg zu einem offiziellen Zeltplatz, den europäische Camping-Anhänger als paradiesisch unberührte Natur empfunden hätten: Ein riesiges, von Steinen begrenztes Areal mit einer Feuerstelle in der Mitte. Für einen Dollar pro Nacht hätten wir auch den ‚kultivierteren' Zeltplatz des Nationalparks benutzen können – mit fließend Wasser, Duschen und eigener Stromversorgung.

Vom Komfort des reichen Amerika ist jenseits der mexikanischen Grenze nichts mehr zu spüren. Mit Mühe und Not finden wir an der Staatsstraße 2 in Mexiko ein Motel, das über Klimaanlagen in den Zimmern verfügt. Freilich fällt dort mit Einbruch der Dunkelheit der Strom aus. Am Morgen stehen neun leere Cola-Dosen neben meinem Bett . . .

Die ‚Mexico 2' führt durch karge, öde Gebirgslandschaft entlang der Grenze. Sie trennt zwei Welten voneinander: Endlose Slums, verfallene Häuser und bettelnde Kinder auf der einen, komfortbewußte Wohlstandsbürger auf der anderen Seite. Nur ein paar Meilen liegen dazwischen.

Vereinzelt stehen die Gerippe vertrockneter Kakteen am Straßenrand. Die Hitze erinnert tagsüber beinahe an Death-Valley-Temperaturen. Nach genau 86 Meilen durch trostlose Wüstengegend taucht wie eine Fata Morgana eine weißgekalkte Hütte am Straßenrand auf: Ein Gasthaus. Wir leeren auf Anhieb acht Flaschen lauwarmer Limonade und zwei Gläser frischgepreßten Melonensafts. Eine Viertelstunde später wird die Hitze freilich schon wieder zur Qual.

Auf einem Telegrafenmast neben der Straße hocken große, schwarze Vögel: Geier. Sie lassen sich vom Dröhnen der Harley-Motoren nicht aus der Ruhe bringen, drehen nur ihre nackten, widerlichen Hälse mit, als wir vorbeifahren. Automatisch greife ich nach der Wasserflasche, die an der Rückenlehne meiner ‚Low Rider' hängt. Sie fühlt sich beruhigend kühl an.

Bei Mexicali kehren wir in die USA zurück. Auf dem Weg durch die Berge Kaliforniens wird es plötzlich kalt. Graue Nebelschleier verhüllen die Pazifik-Küste, feiner Nieselregen fällt aus dunklen Wolken. Ehe wir die Harleys unseren Freunden in Los Angeles zurückgeben, steht freilich noch ein Abschiedsessen im ‚Pizza-Hut' an.

Wer in einer Filiale dieser Restaurant-Kette den Fehler begeht, eine Pizza Größe ‚Large' zu bestellen, hat mit dem Monster hinterher eine gute Stunde zu kämpfen. Durchmesser: gut einen halben Meter.

Lokalketten wie ‚Pizza-Hut', ‚McDonalds', ‚Kentucky Fried Chicken', ‚der Wienerschnitzel' oder ‚Burger King' bieten die preisgünstigste Möglichkeit, sich in den Staaten zu verpflegen. Hamburger kosten beispielsweise – je nach Format – zwischen 1,80 Mark und 3 Mark. Nach einer Weile hängen einem freilich die ‚Big Macs' zum Halse heraus. Gottseidank gibt es genügend Steakhäuser, die zwischen sechs und zehn Mark für ein saftiges großes T-Bone-Steak verlangen. Europäische Küche wird meist nur in vornehmen Nobelrestaurants serviert – natürlich zu entsprechenden Preisen.

Bei einem Glas kalifornischen ‚Chablis'-Weins – im ‚Pizza-Hut' mit Eiswürfeln gekühlt! – fällt mir ein Werbeposter ein, das ich im Laden eines texanischen Harley-Händlers entdeckt hatte. ‚God rides a Harley' (der liebe Gott fährt eine Harley) hieß es im Text der Anzeige. Lange genug auf unserer 6000-Meilen-Tour von Los Angeles nach New Orleans und zurück habe ich darüber gebrütet, wie das Gefühl zu beschreiben wäre, im Sattel einer ‚Low Rider' über endlose Highways in grandioser Landschaft zu bummeln. Das Poster bringt mir endlich die Eingebung: Es ist . . . leben wie Gott in Amerika!

**Beste Reisezeit:** Mai bis September

**Anreise:** Flüge Frankfurt-Los Angeles und zurück ab ca. DM 1.700,– (Stand 1982).
Flüge Frankfurt-New York und zurück ab ca. DM 1.100,–.
Von New York aus gibt es preiswerte Flüge nach Los Angeles oder San Francisco.
Das Reisebüro Schmalz, Bahnhofstr. 26, 5230 Altenkirchen, Tel. 02681/5476 vermietet in den USA Suzukis.
Double B's Mototel Inc. vermietet Harley Davidsons und Yamahas. Kontaktadresse in der Schweiz: Transteam Travelclub AG, Gutstr. 2, CH-8055 Zürich, Tel. 0041-1-4614866.
Begleitete Touren auf BMWs durch die USA bietet Western Adventures, 8371 Asbach, Tel. 09923/2070.
Die ADAC Reise GmbH (Baumgartnerstr. 53, 8000 München 70, Tel. 089/76761) vermietet in den USA Yamahas.

**Einreise:** Reisepaß, Visum (Antragsformulare im Reisebüro), Führerschein und internationaler Führerschein.

**Verkehr:** Außerhalb geschlossener Ortschaften beträgt die Höchstgeschwindigkeit 55 mph (88 km/h). Die Einhaltung dieser Vorschrift wird streng überwacht!

**Währung:** 1 US-Dollar = 2,54

# Amerika – Mit der Mietmaschine quer durchs Land

DM (Stand 9/82). Euroschecks und Eurocard werden von großen Banken und Reisebüros akzeptiert. Ideales Zahlungsmittel sind Travellerschecks.

**Informationen:** United States Travel Service, Rossmarkt 10, 6000 Frankfurt.

**Allgemeines:** Die günstigsten Übernachtungsmöglichkeiten bieten sich in Motels. Besonders preiswert ist die Motel-Gruppe ‚6' (eine Person ca. 14 Dollar, zwei Personen 17 Dollar). Man sollte sich bei der ersten Übernachtung in einem Motel 6 den kostenlosen ‚economy leader' geben lassen, in dem sämtliche Motel 6 mit Lageskizze aufgeführt sind.

**Literaturhinweise:** Polyglott USA westl. Teil, Nordamerika, Kalifornien, je DM 5,80
Großer Polyglott USA, DM 19,80
Du-Mont-Kunst-Reiseführer

USA, DM 24,80
Treichler: USA-Globetrotter-Handbuch, DM 25,-
Steinbeck: Meine Reise mit Charley, Ullstein-TB, DM 4,80 (humorvolle und interessante Beschreibung einer Reise quer durch die USA)
Brown: Begrabt mein Herz an der Biegung des Flusses, Knaur-TB, DM 6,80 (Dokumentation über die letzten Kämpfe der Indianer; sollte ‚Pflichtlektüre' für jeden USA-Reisenden sein, zum besseren Verständnis dieses Landes und seiner Geschichte)
Pirsig: Zen und die Kunst, ein Motorrad zu warten, Fischer-TB, DM 7,80 (Philosophische Betrachtung über Sinn und Unsinn des technischen Fortschritts; Rahmenhandlung dieses Romans ist die sensible Beschreibung einer Motorradreise durch die USA)

**Landkarten:** Falk-Plan USA, 1 : 3,8 Mill., DM 9,80
Rand McNally: USA-Road-Atlas (mit Stadtdurchfahrtsplänen und touristischen Angaben, erscheint jährlich neu) DM 16,80
RN-Standard-Road-Map-Series (in verschiedenen Maßstäben für fast alle Staaten) je DM 5,-
In Amerika bekommt man an Chevron-Tankstellen preiswerte und gute Straßenkarten.

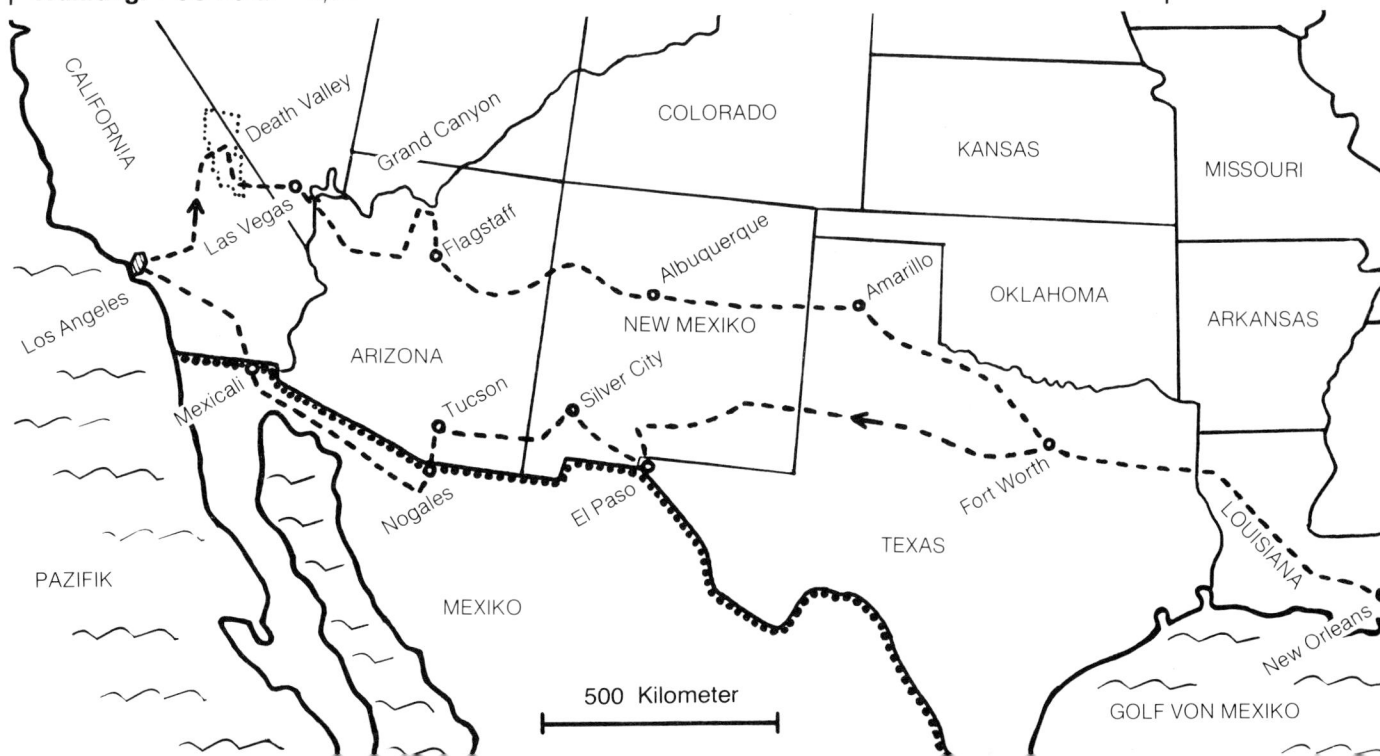

# Urlaub vom Streß des Alltags

Es gibt ein Zauberwort für
Gourmets und Sonnenanbeter, für Tramps
und Motorradfahrer – die
Provence. Eine französische Provinz,
die sich von den Alpen bis
zum Mittelmeer, von der Rhône bis
zur italienischen Grenze
erstreckt. Oft auch schlichtweg mit dem
Synonym ‚Südfrankreich' bedacht.
Nur 10 Stunden zügige Fahrt von den
Grenzstationen bei Basel oder
Mülhausen entfernt, finden hier vom
bundesdeutschen Klima und
Beton Frustrierte ihr gelobtes Land.
Denn die Provence bietet
nicht nur Naturspektakel wie den
Grand Canyon du Verdon,
sondern auch besinnliche und abgelegene
Regionen, deren Kräuter-
duft schon die alten Impressionisten
betört hat. Hier zwischen Weinreben und
Lavendelsträuchern kann man
entspannen und im Bistro des nächstgele-
genen Bergdorfes etwas von dem
erfahren, was gemeinhin als provencalisches ‚savoir vivre' bewundert wird

111

## Wer es wild mag, findet in den zahlreichen Höhlen der steilen Felswände ein Lager. Man muß nur wissen, wie man da hinkommt

Es gibt Landkarten, die üben auf mich einen ganz besonderen Reiz aus. Die liegen vornehmlich dann auf meinem Schreibtisch, wenn mal wieder der Regen gegen die Fensterscheiben peitscht, wenn der Alltag mich nervt. Diese Karten haben ein gelbes Deckblatt. Und weiße Zahlen auf blauem Grund. Michelin 1 : 200 000, Nummer 80, 81 und 84. Faszination Südfrankreich. Heute ist so ein Tag, an dem ich diesen Traum suche, Reiseerlebnisse nachvollziehe. Vor mir liegt Karte 80. Rechts oben in der Ecke windet sich ein blauer Wurm über das Papier: „Gorges de l'Ardèche". Auch wenn sich dem geschulten Geographen die Haare sträuben – hier beginnt für viele Sonnenhungrige die Provence. „Vivez heureux en Ardèche" (Leben Sie glücklich an der Ardèche) – so wird der Reisende auf einem Straßenschild begrüßt. Vor zehn Jahren wurde diese Schlucht noch als Geheimtip gehandelt. Heute ist sie Anziehungspunkt von Kanufahrern aus ganz Europa.

Trotzdem – wer erstmals in den Süden Frankreichs fährt, sollte sich nicht abschrecken lassen. In den Monaten Mai und September findet man immer noch einsame Plätze an dem smaragdgrünen Bergfluß, der sich bei Pont-St. Esprit mit der Rhône vereint. Ein kurzer Postkartenblick von der Haute Corniche, der Panorama-Straße am Nordrand der Schlucht, lohnt den Abstecher jedoch nicht. Zwei, drei Tage sollte die Ardèche schon wert sein. Nicht nur die direkt am Wasser gelegenen Zeltplätze in Pont-St. Esprit und am Pont d'Arc laden zur Übernachtung ein. Wer es wild mag, findet vielmehr in den zahlreichen Höhlen der steilen Felswände ein Lager. Man muß nur wissen, wie man hinkommt!

Sechs Kilometer hinter St. Martin d'Ardèche geht links ein fürchterlich steiniger Weg ab. Er ist auf der Michelin-Karte nicht eingezeichnet. Ich suche daher in meinem Reisetagebuch, das ich während meiner vorletzten Provence-Reise vor vier Jahren aufgezeichnet habe: „Die Straße entlang des Canyons bietet zwar immer wieder Abwechslung, wer aber den Reiz der Ardèche entdecken will, muß schon bis zum Grund des Tales hinabsteigen. Einige hundert Meter führt uns ein Geröllweg abwärts. Dann versperrt die Wildnis den Weg. Ab jetzt geht es nur noch zu Fuß voran. Hier gibt es Gott sei Dank noch keine ausgeschilderten Touristenstraßen mit Ansichtskarten- und Sandwich-Buden, dafür aber aufregende Höhlen und schmackhafte Fische . . ."

Nun ja, im Vorjahr sah das schon etwas anders aus. Der Weg ist zwar noch immer ausgesprochen kriminell befahrbar. Aber nichtsdestotrotz wird man unten von einem Gasthaus, einem Parkplatz und Toiletten-Häuschen empfangen. Diesen Fortschritt mag bedauern wer will, bloß bitte nicht die ‚Freiheitsuchenden', die über Jahre hinweg mit ihrem Müll die Natur verschandelt haben. Aber das ist wohl eine ganz normale Entwicklung von sogenannten Geheimtips . . .

Am Morgen des dritten Tages packt uns denn auch wieder das Motorrad-Reisefieber und wir wenden uns der anderen Rhône-Seite zu. Hier auf dem Plateau de Vaucluse und in den Alpes-de-Haute-Provence locken außergewöhnliche Landschaften, kurvenreiche Straßen, pittoreske Dörfchen und – nicht zuletzt – ausgezeichnete Gaumenfreuden. Das Land der tausend Gewürze und der igelförmigen Lavendelsträucher, der windschiefen Zypressen und der knorrigen Olivenbäume wird durch den Höhenzug des Lubéron vor der Hektik der Cote d'Azur bewahrt.

Unser Weg führt uns über Bollène nach Vaison-la-Romaine. Wir sind zwar nicht besonders historisch interessiert, widmen aber trotzdem der Oberstadt von Vaison einen ganzen Nachmittag. Nur eine schmale Rampe zwängt sich auf den mittelalterlich bebauten Felsen. „Macht bloß die Maschinen aus", ermahnt uns Bernhard. „Hier herrscht ja eine Friedhofsstille!" Lautlos rollen wir die letzten Meter auf dem winzigen alten Marktplatz. Ein verwitterter Brunnen sprudelt vor sich hin, drei Platanen spenden kühlen Schat-

**Kurz vor Castellane verläuft die kurvenreiche Straße auf gleicher Höhe mit dem reißenden Verdon (1. Doppelseite). Von der Haute Corniche hat man einen herrlichen Einblick in das Kanu-Paradies der Ardèche (2. Doppelseite). Die symmetrischen Lavendelfelder gehören zum typischen Bild der Provence (vorige Doppelseite). In den engen Gassen von Vaison-la-Romain (links)**

# „Wir freuen uns, wenn junge Leute zu uns kommen", erzählt uns ein alter Mann. Sein Antlitz ist vom scharfen Mistral gegerbt

ten, ein gebeugtes Mütterchen schleppt einen Wassereimer zum Haus. Selbst einige Boutiquen und Kunsthandwerksläden vermögen nicht, diese Idylle zu stören. „Die paar Künstler stören uns nicht. Im Gegenteil, wir freuen uns, wenn junge Leute zu uns kommen", erzählt uns ein alter Mann. Sein Antlitz ist sonnenverbrannt und vom scharfen Mistral-Wind gegerbt. Er scheint mit sich und der Umwelt zufrieden. „Nur – daß man auf dem holprigen Marktplatz kein Boule spielen kann", stimmt ihn etwas mißmutig. Dieses Spiel mit den hölzernen Kugeln gehört zu den Lieblingsbeschäftigungen betagter Provencalen.

Die heiße Sonnenglut beugt sich bereits den Schatten der uralten Platanen, als wir den romantischen Flecken verlassen. Im Laufe des Nachmittags hat sich unsere Anwesenheit herumgesprochen. Aufmerksam verfolgt eine Horde begeisterter Kinder unsere Startzeremonie. Bei der Hitze dauert es nicht lange, bis die insgesamt zehn Zylinder der Motorradmotoren rund laufen. Die technisch Interessierten unter den Zuschauern staunen über die „Geräuschlosigkeit" der Honda: „Refroidissement par eau?" – Ja ja – nicke ich mit dem Kopf, die hat Wasserkühlung. Mit lautem Hundegebell und freundlichem Winken (von dem verhinderten Boule-Spieler) werden wir schließlich verabschiedet.

Wenige Kilometer hinter Vaison zweigt ein winziges Sträßchen ab, das auf nur 21 Kilometern den fast 2000 Meter hohen Gipfel des Mont Ventoux emporsteigt. Im Januar driften hier die Teilnehmer der Rallye Monte Carlo durch die tief verschneiten Kehren. Der Wunsch nach möglichst heißen, sonnigen Tagen läßt uns den „Berg der Winde" meiden und direkt nach Carpentras weiterfahren. Dieses Zentrum – inmitten einer riesigen mit Obst- und Gemüseplantagen kultivierten Ebene – ist für seine Hitze, die durch die umliegenden Berge gestaut wird, bekannt. Wir stürzen daher in das nächstgelegene Bistro. Die Motorräder werden direkt neben unserem Tisch abgestellt. Wer in das Bistro hineingehen will – wer mag das schon bei diesem Wetter? – muß einen Bogen laufen. Aber niemand stört sich daran. Wir sind halt im Süden.

Vorbei an dem Bergdorf Venasque nähern wir uns auf der Weiterfahrt über einen verschlungenen Hohlweg dem Reich der Bories, dem Plateau de Vaucluse. Bories sind kleine Steinhütten, in denen die Provencalen vor Jahrhunderten Zuflucht vor Krieg und Pest suchten. Heute markieren sie in meist zerfallener Form den Weg nach Gordes. Wie ein Wachtposten erhebt sich dieses auf einem Felsen liegende Dorf über die weite Ebene von Apt.

Um diese Jahreszeit – wir haben erst Mai – wären wir bestimmt die einzigen Touristen, wenn sich nicht vor Jahren Künstler aus aller Welt hier eingenistet hätten. Allen voran der Ungar Victor Vasarely, der für eine symbolische Jahresmiete von einem Franc mit seinen Werken im Schloß von Gordes residiert. Als Gegenleistung hat der Meister der modernen Kunst das historische Bauwerk vor dem Verfall bewahrt. Prominenz und Kunst verfehlen ihre Wirkung nicht.

So erleben wir selbst in der Vorsaison die Kehrseite des malerischen Städtchens: Postkarten kaufende Touristen und abgeschlaffte Jet-Set-Typen („Mal eben von St-Tropez herübergeschaut"). Wie wohltuend anders präsentiert sich da Murs. Das heißt, es präsentiert sich eigentlich gar nicht. Unauffällig liegt dieses einfache Bergnest nur wenige Kilometer vor Gordes sozusagen am Straßenrand. Hier gibt es keinen Kiosk und kein Café, aber auch keine Übernachtungsmöglichkeit. So führt uns die Suche nach einem weichen französischen Bett am Abend nach Apt, wo wir uns endlich auch einmal der vielgerühmten provencalischen Küche widmen wollen. Trüffel und kandierte Früchte – die typischen Spezialitäten der hiesigen Kochkunst – suchen wir auf der Speisekarte in dem kaum vier Meter breiten, felswandigen Restaurant allerdings vergebens. Dafür gibt es hervorragende Filets, Meeresfrüchte

**Zu den zahlreichen Naturschönheiten Südfrankreichs gehören auch die Ockerfelsen bei Roussillon und Rustrel. Um der Tonerde den Farbstoff Ocker abzugewinnen, haben sich die Anwohner fast ihren eigenen Boden unter den Füßen abgegraben. Roussillon klebt heute wie ein Schwalbennest an der Hangkante**

121

Ma Petite Auberge
Parc Ombragé
Hotel Cardieu
Parc Ombragé
HOTEL
TARIF des CONSOMMATIONS
petit déjeuner complet
Café au lait
Chocolat, thé
BIERES
JUS DE FRUITS
SODAS
Croissants
pâtisserie maison
MENU
HONDA

# Noch im letzten Jahrhundert soll es hier Wölfe gegeben haben. Wer sich durch die schmale Schlucht zwängt, wird dies glauben

und auch Spaghetti. Kein Wunder – in der Küche steht ein italienischer Topfkünstler . . .

Eine Viertelstunde von Apt entfernt entdecken wir am nächsten Tag eine ansehnliche Laune der Natur: die Ockerstadt Roussillon, die auf einem regelrechten Sockel aus rot- und gelbleuchtendem Ton klebt. Bis vor dreißig Jahren mußte diese Erde für den beliebten Farbstoff herhalten. Erst kurz vor den Mauern Roussillons stoppte der Raubbau, der jetzt 20 Kilometer weiter östlich in Rustrel fortgesetzt wird.

Rennsportfreunde sollten sich in Apt nach Süden orientieren. Richtung Le Castellet, wo sich eine der schönsten Rennstrecken der Welt unter der heißen provencalischen Sonne erstreckt. Je nach Laune kann man für diesen Abstecher nur einige Stunden, aber auch einige Tage einplanen. Denn auch südlich des Luberon gibt es reizvolle Flecken, die zum Verweilen einladen. Unweit von Apt befindet sich übrigens einer der schönsten Campingplätze Frankreichs. Er liegt auf einem Hügel des Luberon-Dorfs Oppède-le-Vieux, nur knappe fünf Kilometer von der N 100 entfernt.

Noch im vorigen Jahrhundert soll es hier jede Menge Wölfe gegeben haben. Wer sich durch den engen und düsteren Einschnitt der Combe de Lourmarin zwängt, wird dies glauben. Er lernt aber auch auf wenigen Kilometern die typischen Kontraste der Provence kennen: Schon am Ausgang der Schlucht fällt der Blick auf das weite freundliche Tal der Durance. An ihren zahlreichen Kiesstränden bieten sich hervorragende ,wilde' Zeltplätze, an denen man auch ohne Risi-

**Die Romantik kommt in der Provence nie zu kurz. Dazu gehört auch ein zünftiges Picknick mit frischen Baguettes und französischer Salami in einem Lavendelfeld. Sehr gemütlich, aber trotzdem nicht teuer: ,Ma Petite Auberge' im Verdon-Städtchen Castellane**

ko ein Lagerfeuer entfachen kann. In den meisten Gebieten der Provence muß man darauf verzichten, denn die ausgedörrte Vegetation brennt wie Zunder. Wald- und Buschbrände gehören daher zur ganz großen Plage Südfrankreichs. Gerade als Gast sollte man daher unbedingt jedes Risiko vermeiden.

Während der Fahrt auf der N 543 wird man immer wieder an Gemälde der großen französischen Impressionisten erinnert. Und tatsächlich nähert man sich der Stadt Paul Cezannes, Aix-en-Provence, von vielen als ,Perle Südfrankreichs' angesehen. Die malerische Stadt mit ihrer fast 600 Jahre alten Universität, den zahllosen historischen Bauten und prächtigen Alleen, ist zum schnellen Durchfahren zu schade. Einen Tag sollte man den Cafés und Museen, Springbrunnen und Gassen widmen. Außerhalb der Hochsaison im Juli findet sich auch ein billiges Bett in einem einfachen aber gemütlichen Hotel.

Von Aix aus sind es nur noch 60 Kilometer bis Paul Ricard. Gerade richtig für eine entspannte Vormittagsfahrt durch die abwechslungsreichen Kurven, die sich am Kalkstein-Massiv De La Saint Beaume entlangschlängeln. Die Vegetation ist hier karg und der Mistral bisweilen ungemütlich. Je mehr man sich dem „Circuit" nähert, um so öfter fährt einem der angehende französische Rennfahrernachwuchs um die Ohren. Trotzdem heißt es: Zurückhaltung, denn in vielen Kurven lauert der heimtückische feine Mistral-Sand. Je nach Saison und Wochentag gibt es die Möglichkeit, den 5,8 Kilometer langen Kurs für ein paar Franc zu befahren. Wer darauf keinen Wert legt, kann von der Außenböschung den gesamten Rennkurs beobachten. Vom Formel-II-Training bis hin zum Reifentest ist praktisch immer etwas geboten. Besonders häufiger Gast ist übrigens Porsche!

Paul Ricard – hinter diesem Namen verbirgt sich der bekannte französische Schnapsfabrikant. Ihm gehört nicht nur der Circuit, den er 1970 – gut beraten von berühmten Rennfahrern – aus dem Boden stampfen ließ; er hat außerdem noch die Insel Bendor vor Bandol für den Tourismus erschlossen. Von Paul Ricard bis nach Bandol sind es nur 16 Kilometer Bergstrecke, weshalb dieser Küstenort auch bevorzugter Standort der Rennfahrer ist. Wer auf weniger Rummel und Flair Wert legt, ist allerdings mit La Ciotat und erst recht mit Cassis besser bedient. Wie

# Mit etwas Geduld findet man die Anfahrt zu dieser Traumstraße, die in 400 Meter Höhe am Mittelmeer entlang nach Cassis führt

Bandol schmiegen sich diese beiden Hafenstädtchen an die Steilküste zwischen Toulon und Marseille an. Mit etwas Geduld findet man in La Ciotat die Anfahrt zur Corniche des Crêtes, einer Traumstraße, die in 400 Meter Höhe am Meer entlang nach Cassis führt.

In der Vor- und Nachsaison kann man hier noch echtes provencalisches „savoir vivre" pflegen, malerische Fischerboote beobachten und abends die fangfrischen Spezialitäten genießen. Badefreunde finden in den westlich gelegenen Calanques paradiesische Strände, die allerdings nur zu Fuß oder mit Enduros zu erreichen sind. Diese Buchten, die zu den schönsten des Mittelmeers zählen, sind allerdings an den Wochenenden bevorzugtes Ziel der Marseiller. Trotzdem läßt sich hier der Reiz der Cote d'Azur noch einigermaßen erträglich auskosten, während das Gebiet zwischen St. Tropez und Nizza von den Auswüchsen des Tourismus total verseucht ist. Die wunderschöne Küstenstraße läßt sich im Sommer nur im stop-and-go-Verkehr bewältigen, alle Campingplätze sind quadratzentimerterweise vollgepfropft, wild zelten ist angesichts der vielen Privatgrundstücke kaum möglich und Hotels sind unbezahlbar.

Motorradfahrer brauchen sich darüber nicht zu ärgern, bietet doch die Provence im Landesinnern genug Anziehungspunkte. Wir wenden uns daher nach dem kurzen Badezwischenspiel wieder gen Norden, wo der Verdon mit seiner einzigartigen Schlucht lockt. Über Greoux-les-Bains und Allemagne-en-Provence führt die Straße durch endlose Lavendelfelder, die leider erst im Juli in prächtigem Blau erblühen, nach Moustiers-Ste-Marie. Ein durchaus sehenswerter Ort an der Pforte des Canyons, der freilich den zerstörenden Einfluß des Tourismus nicht mehr verbergen kann. Man spürt die Nähe des gewaltigen Naturspektakels. Die folgenden Kilometer verlangen von begeisterten Motorrad- und auch Autofahrern viel Selbstbeherrschung. Die Strecke entlang der riesigen Schlucht – oft fünf- bis sechshundert Meter über dem Verdon – besteht nur aus Kurven und bietet hinter jedem Felsen nicht nur eine phantastische Aussicht, sondern unter Umständen auch einen unbekümmerten Zeitgenossen, der die ganze Straße für sich beansprucht. Wir lassen es daher gemütlich angehen und halten die zahlreichen PS unserer Maschinen im Zaum. In La Palud verpassen wir beinahe die Abzweigung nach Belvederes-de-la-Maline. Diese Rundstrecke wurde erst vor wenigen Jahren aus dem hellbraunen Felsen gesprengt. Nach etwa 15 aufregenden Kilometern kehrt sie kurz hinter La Palud wieder zur Hauptroute nach Castellane zurück. Erst hier kann man ohne große Schwierigkeiten an den Verdon herankommen. Die Straße verläuft – oft durch schattige Galerien – auf fast gleicher Höhe mit dem reißenden Gebirgsfluß.

Nicht nur das wechselhafte Wetter läßt uns in Castellane zwei Tage verweilen; in der „Petite Auberge" haben wir auch eine vorzügliche Unterkunft gefunden. Vergilbte Schwarzweißfotos in der Reception verraten die Vergangenheit des Besitzers: er war ein bekannter französischer Rennfahrer. Direkt am Marktplatz von Castellane entdecken wir am Abend ein kleines Restaurant. Es ist nicht sonderlich gemütlich, dafür aber billig. Für umgerechnet 11 Mark stellt uns ein Mütterchen ein erstklassiges Menü auf den Tisch ihres winzigen Hauses. In der Küche steht sie selbst ihren Mann, und beim Servieren erzählt sie uns von ihrem Sohn, der eine alte BMW besitzt. Zum „Coq au vin" (Hähnchen in Weinsauce) gibt es zwar keinen Châteauneuf, dafür aber einen köstlichen Tafelwein. Da stört es auch nicht, daß als Dessert ein Eis am Stiel gereicht wird.

Auf den Spuren Napoleons bewegen wir uns am Tage der Rückfahrt. Bevor wir allerdings die „Route Napoléon" bei Château-Arnoux erreichen, nutzen wir die letzte Gelegenheit für eine Querfeldeinfahrt durch die sonnenverbrannte Provence. Auf ungeteerten Bergstraßen genießen wir den heißen Fahrtwind und die vielfältigen Eindrücke der Natur. Oft im Schrittempo fahrend, bleiben die Integralhelme ausnahmsweise einmal am Gepäckträger hängen. Ab und zu peinigen Insekten das bloße Gesicht, der Duft provencalischer Gewürze liegt in der Luft. Die Motorräder erfahren eine letzte Verschnaufpause vor der langen Heimfahrt.

**Beste Reisezeit:** Mai bis September

**Anreise:** Wer es eilig hat, kann auch hinter der französischen Grenze ab Mülhausen weiterhin Autobahn fahren.

Die gebührenpflichtige ‚Autoroute du soleil' kostet allerdings von Mülhausen bis Avignon ca. 75 Franc pro Motorrad. Wer diese Summe lieber fürs erste Menü anlegen möchte, sollte die landschaftlich reizvolle Anfahrt über Basel, Genf, Chambéry und Grenoble bevorzugen. Von Grenoble aus kann man zwischen der N 75 und der N 85 wählen. Beide Strecken sind gleichermaßen interessant. Für einen Abstecher an die Ardèche nimmt man ab Serres die D 994.

Von besonderem Reiz ist der Umweg durch das italienische Aosta-Tal. Er bietet sich vor allem für die Rückfahrt an. 10 Kilometer vor Chambéry führt die N 90 nach Albertville und dann über den 2188 m hohen Kleinen St. Bernhard-Paß nach Aosta, am Mt. Blanc vorbei. Den sich anschließenden Großen St. Bernhard sollte man natürlich nicht durch den Tunnel, sondern über den 2469 m hohen Paß bewältigen!

**Einreise:** Reisepaß oder Personalausweis, Führerschein und Fahrzeugschein.

**Verkehr:** Außerhalb geschlossener Ortschaften beträgt die zugelassene Höchstgeschwindigkeit 90 km/h, auf 4spurigen Straßen 110 km/h, auf Autobahnen (gebührenpflichtig!) 130 km/h.

**Währung:** 100 französische Franc = 36,60 DM (Stand 9/82).

**Informationen:** Französisches Verkehrsbüro, Westendstr. 47, 6000 Frankfurt/Main.

**Allgemeines:** Je nach Geldbeutel bietet sich für eine Reise in die Provence ein Hotel- oder Zelturlaub an. Ideal ist eine Kombination, bei der man sowohl traumhafte Campingplätze als auch romantische Hotels kennenlernen kann. Das Ange-

# Provence – Paradies für Genießer und Gourmets

bot an Hotels und Herbergen (Auberges) ist beachtlich und nur in den Touristenzentren teuer. In der Vor- oder Nachsaison kann man durchaus Doppelzimmer für etwa 40 Mark finden. In Frankreich ist es üblich, im Hotel zu essen, will man sich nicht den Unmut des Gastgebers zuziehen.

**Literaturhinweise:** Polyglott Provence, DM 4,80
Goldstadt-Reiseführer Provence-Camargue, DM 9,80
Grieben-Reiseführer Östl. Südfrankreich, DM 9,80
Merian Provence, DM 8,80
Du-Mont-Kunstreiseführer Provence, DM 24,80
Provence und Camargue – kennen und lieben, LN-Verlag, DM 9,80
Reisen heute: Provence in Farbe (mit Fotos, Karten und Tourenvorschlägen) DM 39,80
Schreiber: Provence, Hallwag-Reisebibliothek, DM 32,-
Michelin-Provence (mit Karte 1 : 200 000), DM 13,-
Walter/Pobé: Provence. Führer durch das Land im Licht (mit Fotos, Karten-Skizzen, sehr ausführlich), Walter-Verlag, DM 26,-

**Landkarten:** Michelin 1 : 200 000, Blatt France 80, 81 und 84, je DM 4,20
Ravenstein 1 : 250 000, Blatt 264, DM 8,80

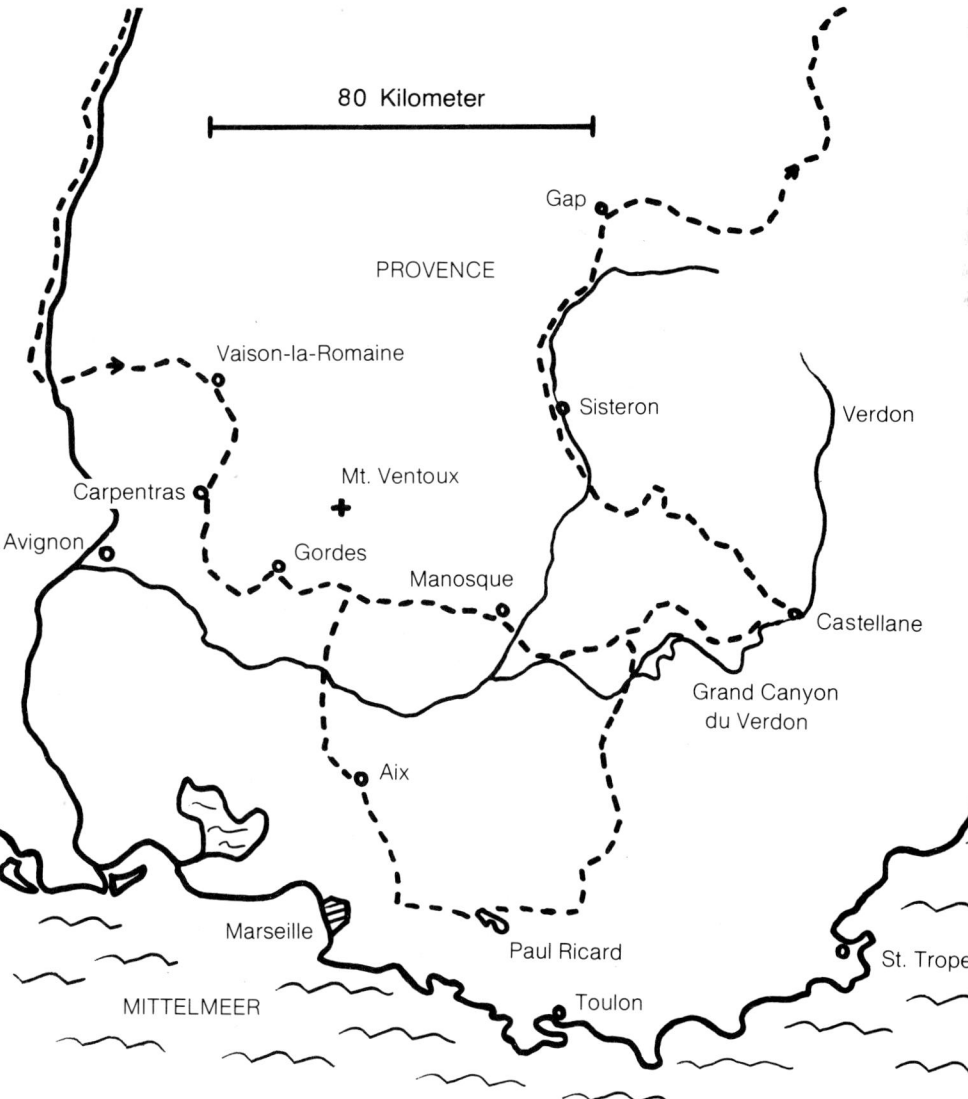

Mosel

# Spritztour im goldenen Oktober

Wer schon viele Länder
der Erde bereist hat, wird immer wieder
feststellen, daß auch
Deutschland seine landschaftlichen
Reize hat. Diese Erkenntnis
gilt in besonderem Maße für den
Motorradfahrer, der in
kaum einem anderen Land so viele echte
Motorradstraßen findet.
Ob nun Harz oder Schwarzwald, Fränkische
Schweiz oder Schwäbische Alb,
fast überall bieten sich interessante
Strecken für ein verlängertes
Wochenende an. Und sogar wer es ‚südlich'
haben möchte, kommt auf seine
Kosten. Denn inmitten des Rheinischen
Schiefergebirges verbirgt
sich ein Gebiet, das mit seiner Schönheit
und auch mit der Mentalität
seiner Bewohner spielend mit südeuropä-
ischen Regionen konkurrieren kann:
das Moseltal. Seine steilen Weinberge,
malerischen Fachwerkhäuser und
wildromantischen Nebentäler können –
dank des milden Klimas – bis
in den Herbst hinein auch auf dem
Motorrad genossen werden

**Goldener Oktober:** Mit dem Suzuki-Chopper zwischen den Weinreben bei Cochem (1. Doppelseite). Abendstimmung über der Mosel-Schleife bei Bernkastel-Kues (vorige Doppelseite). Die Schiefer-Weinberge der Mosel gehören zu den steilsten Europas. Entsprechend mühsam ist oft der Anbau. Erst wenn der Herbst schon die Blätter färbt, werden die kleinen Riesling-Trauben gelesen (links an der Burgruine Landshut, unten am Ellerberg)

## „Viele Leute glauben, daß Moselwein süß sei. Das ist falsch. Ein reiner Mosel ist herb. Er wird nur zum Verkauf gemischt"

Die Straße ist schmal und holprig. Windet sich in zahlreichen Kehren hinab. Taucht in dunkelgrünen Laubwald ein. Frische, würzige Luft empfängt uns. Ein Bach muß in der Nähe sein. Die Schatten lichten sich. Die Bäume treten zurück. Unter uns ist eine enge Wasserschleife zu sehen. An allen Seiten von Weinbergen gesäumt. Die Straße wird besser. Das Hinterrad der Suzuki ‚stempelt' nicht mehr beim harten Abbremsen. Spielend leicht geht sie in die Linkskehre. Der Seitenständer kratzt ganz leicht. Proteste vom Soziussitz. Hupen von vorn: Ein Traktor versperrt die Straße. Ein wilder Audi-Fahrer quetscht sich wie irre vorbei. Macht vor uns wieder einen Schlenker nach rechts. Röhrt den Berg hinauf. Wir rollen langsam weiter. Beobachten den Weinbauern. Er nickt uns zu. Stapft dann durch die Reben. Die letzten Kehren.

Es ist merklich wärmer als oben auf der Höhe. Fast heiß. Wir lassen den Fluß rechts liegen und genießen den Anblick. Auf der anderen Uferseite – mitten in der Schleife – kauert eine Ruine. Ein altes gotisches Kloster. Wir folgen der Schleife und nähern uns einem freundlichen Dorf. Graue Schieferdächer blitzen in der Sonne. Darunter protzt stolzes Fachwerk. Museumsreif. Links an der Uferpromenade ein winziges Straßencafé. Wir halten. Stellen die beiden Motorräder neben einem bunten Tisch ab. Die Bedienung kommt sofort zu uns Motorradfahrern. Sie ist freundlich. Wir bestellen Kaffee. Ingrid möchte die Eiskarte. Die Lederjacken hängen längst über den Stuhllehnen. Die Sonne knallt jetzt voll runter. Ein schwaches Lüftchen vermag kaum zu kühlen. Das Thermometer an der Wand zeigt fast 35 Grad an.

Wo sind wir? In Portugal, in Frankreich, in Italien? Fast möchte man meinen. Doch der Fluß, der sich breit und träge vor uns entlangwälzt, ist weder der Douro noch die Loire. Und auch nicht der Lago Maggiore. Es ist die Mosel. Wir befinden uns in der Bundesrepublik Deutschland. Das nette Dorf heißt Ediger-Eller. „Ja, bei uns kann es sogar im September 30 Grad haben", erklärt uns der Wirt. „Das gibt dann dem Wein noch die richtige Reife. Die Lese findet deshalb auch erst Ende Oktober statt. Da müßt ihr mal wieder herkommen. Das ist die schönste Jahreszeit an der Mosel!"

Ein Vierteljahr später ist es soweit. Donnerstagabend fahren wir. Verlängertes Wochenende.

Gerade richtig für einen Moseltrip. Auf der Autobahn ist es schon empfindlich kalt. In Hockenheim machen wir daher die erste Pause. Von da an geht es zügig weiter, über die imposante Hängebrücke, über den Rhein. Auf der stets gut befahrbaren Autobahn Richtung Koblenz/Köln. Bei Boppard fahren wir ab. Mit den letzten Sonnenstrahlen steigen wir von der Hunsrück-Höhe hinab ins Moseltal. Rötlich-gelb verzieht sich die Sonne hinter dem Nebel. Die Burg Thurau – rechts über uns – hüllt sich in Schatten. Unter uns liegt Alken. Die sehr gut ausgebauten Kehren gehen wir vorsichtig an. Leichte Feuchtigkeit liegt in der Luft.

Die klammen Knochen genießen das milde Moselklima an diesem Oktoberabend. Mit rotgefrorenen Gesichtern suchen wir ein Zimmer. „35 Mark mit Frühstück", ist genehmigt. Der ersten Weinprobe steht nichts mehr im Wege. Erwartungsgemäß dauert sie nicht lange. Wir fallen früh in die Betten. Am nächsten Morgen – lange Gesichter. Scheißwetter! „Das ist nur unser Morgennebel", tröstet uns der Juniorchef des Hauses, „der zieht bis um elf weg!" Genug Zeit zum Frühstück und für ein Gespräch mit dem Weinkenner. Die erste Überraschung für uns Laien: „Viele Leute glauben, daß der Moselwein süß sei. Aber das ist falsch. Ein reiner Mosel ist sogar sehr herb. Der wird nur für den Verkauf gemischt. Ein Zehntel Mosel reicht schon. Außerdem sind doch die meisten Weine geschwefelt!"

Derart gerüstet schieben wir die Maschinen aus dem Hof. Neuen Taten und Weinen entgegen. Der Nebel verflüchtigt sich nur zögernd, verhindert noch immer das Eindringen der wärmenden Sonnenstrahlen in das enge Tal. Gleich im nächsten Dorf tanken wir. Und das ist auch gut so. Denn an Zapfsäulen hapert es hier etwas. Mit einigen Abstechern auf die Höhen des Hunsrück oder der Eifel haben wir nämlich sehr schnell über 200 Kilometer zusammen, ohne daß wir Trier auch nur in Reichweite bekommen. Man darf sich nicht vom ersten Blick auf die Landkarte täuschen lassen. Wegen der zahlreichen Schleifen (Mäandern) der Mosel ist schon die direkte Straßenverbindung von Koblenz nach Trier gute 250 Kilometer lang.

Am Ortsausgang von Brodenbach zweigt links eine Straße ab, die sich in herrlichen Kehren den Hunsrück emporhangelt. Links über uns erhebt sich mal wieder eine der zahlreichen Burgen des

Wie hier in dem historischen Weingut des Freiherrn von Landenberg, kann man in vielen Orten der Mosel an Weinproben teilnehmen. Der Weinanbau wurde vor fast 2000 Jahren von den Römern eingeführt, die über mehrere Jahrhunderte hinweg das Moseltal besetzt hielten. Die Stadt Trier war sogar Residenz des römischen Kaisers

Das alte Kloster Stuben auf der schmalen Landzunge bei Ediger-Eller gehört zu den zahlreichen historischen Ruinen an der Mosel. Viele Burgen und Festungen erreicht man allerdings nur auf Wanderwegen

## Auf den Spuren von Ritter Krafto erkunden wir das Dorf: Jedes Haus ein Fachwerk-Schmuckstück. Heile Welt – ‚Old Germany'

Moseltales: die 800 Jahre alte Ehrenburg, eine der schönsten Ruinen ihrer Art. Ausgangspunkt für Wanderungen durch die großartige Ehrenbachklamm, in der sich mehrere malerische Wassermühlen zwängen. Uns ist allerdings nicht nach Wandern zumute. Und wir fahren wieder hinab ins Tal. Bis Treis führt uns eine breit ausgebaute Straße am Fluß entlang. Die Bundesstraße 49 wechselt hier auf das linke Moselufer. Wir fahren durch die alte Römerstadt und gelangen an den Flaumbach. Ein enges, idyllisches Tal. Links und rechts steile Felswände. Fahrerisch sehr anspruchsvoll.

Das Tal weitet sich nach links. Wir lassen die Maschinen ausrollen. Fahren auf eine Wiese. Endlich kommt der mitgeführte Frisbee zum Einsatz. Fast eine Stunde toben wir mit der amerikanischen Wurfscheibe herum, bis der Hunger sich meldet. Wir entschließen uns, am nächsten Abzweig Beilstein anzusteuern. Das nur 216 Einwohner zählende Dorf am rechten Moselufer wird als Miniatur-Rothenburg angepriesen. Eingekessel von steilen Weinbergen, zwängt es sich an einer typischen Moselschleife zwischen Wasser und Weinberge.

Da es erst Freitag ist, halten sich die Touristenströme in Grenzen. Mit Glück finden wir im ‚Haus Lipmann' noch einen freien Tisch. Die Preise sind für einen Touristenort recht vernünftig und die Atmosphäre dank der handgeschnitzten Möbel gemütlich. Wir fühlen uns wie zu Ritters Zeiten. Einen Ritter hat es hier auch tatsächlich einmal gegeben, wie uns Tischnachbarn stolz berichten. Es sind Amerikaner, die extra zur Weinernte an die ‚wonderful Mosel' gekommen sind. Nach dem Essen erkunden wir noch kurz auf den Spuren des Ritters Krafto von Beilstein die steilen Gassen des 1100 Jahre alten Dorfes. Jedes Haus ist ein kleines Fachwerk-Schmuckstück. Heile Welt – ‚Old Germany'.

Mit der Sonne im Rücken fahren wir dann wieder Richtung Norden, um in Cochem auf das andere Ufer überzuwechseln. Cochem gilt als Endpunkt des schönsten Teilstücks der 545 Kilometer langen Mosel. Von der römischen Kaiserresidenz Trier bis hier hin hat sich die Mosel mehr als 20 Schleifen durch das Rheinische Schiefergebirge gewaschen. Kein anderer deutscher Fluß ‚mäandert' so stark. Wissenschaftler führen dieses Phänomen auf die unterschiedlichen Härtegrade des Schiefergesteins zurück. Hat sich der

Fluß einmal zum ‚Zick-Zack-Kurs' entschlossen, wird die Schleifenbildung durch die Strömungsverhältnisse forciert. Im Kurvenäußeren ist die Strömung stärker, innen schwächer. Dadurch trägt der Fluß außen immer mehr Gestein ab und lagert es dafür auf der Innenseite ab. Regelrechte Sandbänke sind die Folge.

In ihren 70 Millionen Jahren konnte die Mosel sogar einige Schleifen ‚abschneiden', das heißt, sich einen Durchbruch von der Eingangs- zur Ausgangskurve graben. Wie so etwas ‚kurz' vor der Vollendung aussieht, kann man sehr anschaulich an den Windungen bei Zell und Traben-Trarbach erkennen. Hier verhindern nur noch wenige hundert Meter Land den Durchbruch der Mosel. Heute halten allerdings Uferbefestigungen die Naturgewalten im Zaum, so daß sich am jetzigen Flußlauf wohl kaum noch etwas ändern wird. Mehrere Staustufen sorgen außerdem seit 1964 für einen stets gleichmäßigen Wasserstand.

‚Villa Cochuma', so der alte römische Name, hat zweifelsohne seine (architektonischen) Reize, doch uns ist es hier zu hektisch. Wir verzichten daher auch auf einen Besuch der mittelalterlichen Burg und fahren weiter. Im Ortsteil Sehl geht rechts die Bundesstraße 259 ab. In mehreren Kehren bietet sie einen prächtigen Ausblick auf das Moseltal. Wer übrigens den Nürburgring besuchen möchte, ist von hier in einer halben Stunde da. Denn es sind nur noch 38 Kilometer bis zum weltberühmten Rennkurs in der Hohen Eifel. Wenn nicht gerade ein Rennen stattfindet, kann man den 22,8 Kilometer langen Ring befahren. Pro Runde kostet das fünf Mark. Unter der Telefonnummer 026 91/20 31 kann man vorher anfragen, ob die Strecke frei ist.

Uns ist jedoch nicht nach sportlichem Fahren zumute. Wir kehren daher um nach Cochem, denn kurz vor der Bundesstraßen-Abzweigung haben wir unser eigentliches Ziel verpaßt: Ebenfalls in Sehl geht eine winzige Straße ab, die über den Ellerberg führt und so die Doppelschleife der Mosel abkürzt. Durch diesen Berg führt übrigens schon seit 1877 ein 4,2 Kilometer langer Eisenbahntunnel.

Unsere ‚Abkürzung' führt in schwungvollen Kehren wieder ins Tal. In der ersten scharfen Rechtskurve zweigt ein Weg links ab in die Weinberge. Ein Bauer kommt uns mit einer bis oben gefüllten Kraxe entgegen. Wir fragen ihn, ob wir

Der graue Schiefer
bildet die Grundlage
für das Leben
in dieser Gegend.
Er speichert die
Wärme für den
berühmten Wein und
verziert die
Dächer der schönen
Fachwerkhäuser

Die Attraktivität
des Moseltals haben
die Bewohner
noch zusätzlich mit
ihrer Baukunst
erhöht. Dabei muß
es nicht immer
Fachwerk sein, wie
dieses schmucke
Backsteinhaus
in Lieser beweist

Mehrere Bergstraßen
führen auf die
Höhen des Hunsrücks
oder der Eifel.
Meist ermöglichen
sie einen
herrlichen Ausblick
über die Mosel,
wie hier oberhalb
des Ortes Bremm

# Links eine verwitterte Steinmauer, zur rechten dichte Reben. Wir fühlen uns an die Weinhänge des Douro in Portugal erinnert

hier fahren dürfen. Sein skeptischer Blick weicht einem Lächeln, als wir die Helme absetzen. „Das ist ein öffentlicher Weg. Selbstverständlich dürft ihr hier fahren." Die schmale Fahrspur führt etwa 200 Meter über der Mosel am Weinberg entlang. Links eine verwitterte Steinmauer, zur rechten dichte Reben. Die Aussicht ist herrlich. Wir fühlen uns an die steilen Weinhänge des Douro im Norden Portugals erinnert, das weltberühmte Anbaugebiet des Portweins. Wir stellen die Motorräder ab und genießen die letzten warmen Strahlen der späten Nachmittagssonne. Die Schieferdächer unten am Fluß blitzen noch ein letztes Mal silbern, dann verschwinden sie im Schatten. Noch eine Stunde haben wir hier oben Sonne. Dann fahren wir hinunter nach Ediger-Eller, jenes Dorf, in dem wir schon vor drei Monaten billig übernachtet und gut gegessen haben.

Wer keinen Wert auf großen Komfort legt, sollte den erstbesten Einheimischen fragen, wer Privatquartiere vermietet. Nicht selten ist man dann sogar gleich beim Richtigen gelandet und braucht gar nicht weiter zu suchen. Am nächsten Morgen besichtigen wir das Weingut Freiherr von Landenberg und bewundern die massiven, handgeschnitzten Weinpressen. Wie fast überall an der Mosel sind hier Weinproben möglich. Doch angesichts der frühen Stunde verzichten wir auf den erlesenen Saft.

Ein Blick auf die Generalkarten 12 und 15 (Maßstab 1:200 000) zeigt uns, daß wir heute die schönsten Moselschleifen vor uns haben. So berühmte Weinorte wie Traben-Trarbach, Bernkastel-Kues und Piesport liegen auf unserem Weg. Zunächst einmal passieren wir jedoch den heißesten und auch steilsten Weinberg Deutschlands, den Calmond. In mühevoller Kleinarbeit haben die Weinbauern dem 65 Grad steilen Schieferhang die schmalen Terrassen aufgezwungen. An der gegenüberliegenden Uferseite – im Innern der Schleife – entdecken wir wieder die altbekannte Klosterruine Stuben. Auf der Suche nach einem guten Aussichtspunkt wählen wir im Dörfchen Bremm eine kleine Nebenstraße. Sie entpuppt sich als eine der fahrerisch schönsten Bergstrecken an der Mosel. Auf der Berghöhe angelangt, lädt eine Hangwiese zum rasten. Von hier haben wir einen herrlichen Ausblick.

Am Üßbach entlang kehren wir wieder zurück zur Mosel, auf deren Uferstraße wir schließlich Trarbach erreichen. Hier führt eine mit Torbogen verzierte Steinbrücke hinüber zum fast 1000 Jahre alten Stadtteil Traben, der durch die Festungsruine Mont Royal gekrönt wird. Nur langsam wühlen wir uns durch den dichten Fußgängerverkehr der beliebten Kur- und Weinhandelsstadt hindurch, um oberhalb von Trarbach in das wildromantische Wildbachtal zu gelangen. Die enge düstere Straße ist hier noch nicht vom Morgennebel abgetrocknet. Es wird schlagartig kühl. Mit vorsichtiger Gashand treiben wir die Suzukis nach Longkamp hinauf. Von hier lädt die gut ausgebaute B 50 zur zügigen Abfahrt nach Bernkastel-Kues.

Ein paar Kilometer vor der Stadt zweigt links ein Sträßchen ab, das in ein paar engen rutschigen Kehren zur Burgruine Landshut hinaufführt. Der Blick schweift über die steilen Weinhänge hinunter auf Bernkastel und hinüber zur anderen Moselseite auf Kues, dessen Yacht-Hafen sich regelrecht in die Landzunge hineingefressen hat. Ein riesiger Lastkahn bringt mit seinen fächerförmigen Wellen geordnete Unruhe in den Wasserspiegel der Mosel. Bernkastel ist zweifelsohne ein städtebauliches Juwel, das auf der ganzen Welt seinesgleichen sucht. Zentrum der historischen Kostbarkeit, von der man sich auch durch die zahlreichen Touristen nicht abhalten sollte, ist der Marktplatz. Selbst wer sich schon an Aix-en-Provence oder Tübingen begeistert hat, wird hier überrascht sein.

Ein billiges Gasthaus für die Nacht dürfen wir hier allerdings kaum erwarten. Und so machen wir uns auch – die tiefstehende Nachmittagssonne im Gesicht – auf den Weg Richtung Piesport. Da es Samstagabend ist, haben wir Schwierigkeiten, ein Zimmer zu bekommen. Im Piesporter Ortsteil Reinsport klappt es dann schließlich doch noch. Direkt gegenüber von der sogenannten Mosel-Loreley kommen wir in einem 1767 erbauten Gasthof unter. Anlaß genug, die Einladung des freundlichen Gastwirts zur Weinprobe im hauseigenen Keller anzunehmen!

**Beste Reisezeit:** Mai bis Oktober. Zum südländischen Charakter des Moseltals paßt auch das Klima. Bis in den Herbst hinein können hier durchaus sommerliche Temperaturen herrschen. In Verbindung mit den typischen Herbstfarben und der Weinlese, bietet sich daher der Oktober als Termin für eine letzte schöne Motorrad-Tour vor dem Winter an.

**Anreise:** Von Norden Autobahn A 61 von Köln bis AB-Kreuz Koblenz, A 48 Richtung Trier, Ausfahrt Ochtendung. Von Süden A 61 von Mannheim/Ludwigshafen bis Ausfahrt Boppard. Von Osten A 3 ab Frankfurter Kreuz, ab Dernbacher Dreieck A 48 bis Koblenz. Reizvolle Landstraßen bieten sich vor allem durch die Eifel (von Norden), am Rhein entlang oder durch das Pfälzer Bergland (von Süden) an.

**Verkehr:** Die Bundesstraßen 49 und 53, die von Koblenz bis Trier an der Mosel entlangführen, sind größtenteils breit ausgebaut (leider!); auf der jeweils gegenüberliegenden Uferseite bietet sich aber an fast allen Stellen eine schmale und verkehrsarme Alternativstrecke an. Tankstellen sind relativ selten und ausgesprochen teuer.

**Informationen:** Fremdenverkehrsverband Rheinland-Pfalz e.V., Bahnhofstr. 54/56, 5400 Koblenz, Tel. 0261/3 50 25 Nürburgring GmbH, Tel. 0 26 91/20 31 (gibt Auskunft, ob die Rennstrecke für Privatfahrten frei ist)

**Allgemeines:** Da das Moselgebiet voll auf Tourismus eingestellt ist, gibt es vielfältige Übernachtungsmöglichkeiten. Praktisch in jedem Ort findet man Privatquartiere, Gasthöfe und Hotels. Campingplätze gibt es in den

# Mosel – Nicht nur des Weines wegen

Orten Burgen, Moselkern, Pommern, Cochem, Bullay, Zell, Traben-Trarbach (Ortsteil Traben), Kröv, Wehlen, Bernkastel-Kues (Ortsteil Kues) und Mülheim.

Große Jugendherbergen stehen in folgenden Städten zur Verfügung:
Cochem, Ortsteil Cond, Klottener Str. 9, Tel. 02671/86 33
Traben-Trarbach (Ortsteil Traben), Am Hirtenpfädchen, Tel. 06541/92 78
Bernkastel-Kues (Ortsteil Bernkastel), Jugendherbergsstr. 1, Tel.06531/23 95

**Literaturhinweise:** Polyglott Mosel, DM 3,80
Grieben-Reiseführer Mosel–Hunsrück, DM 9,80

Baedeckers Autoreiseführer: Rhein und Mosel (mit Hotelhinweisen), DM 6,80
VSW: Moselfahrt (mit Karte), DM 3,50
Caspar: Ausflüge zu den alten Römern an Mosel und Rhein (mit Zeichnungen und Skizzen, archäologisch interessant), Hallwag-Verlag, DM 22,–
Merian Trier, DM 8,80
Für alle Reisen in Deutschland empfehlen sich der Michelin-Führer, DM 27,– und der Varta-Führer, DM 33,–. Beide beschreiben ausführlich Hotels und Gasthäuser – mit Preisen!

**Landkarten:** Mair-Karte, 1 : 100 000, DM 4,80
Deutsche Generalkarte, Blatt 12 und 15, 1 : 200 000, je DM 4,80

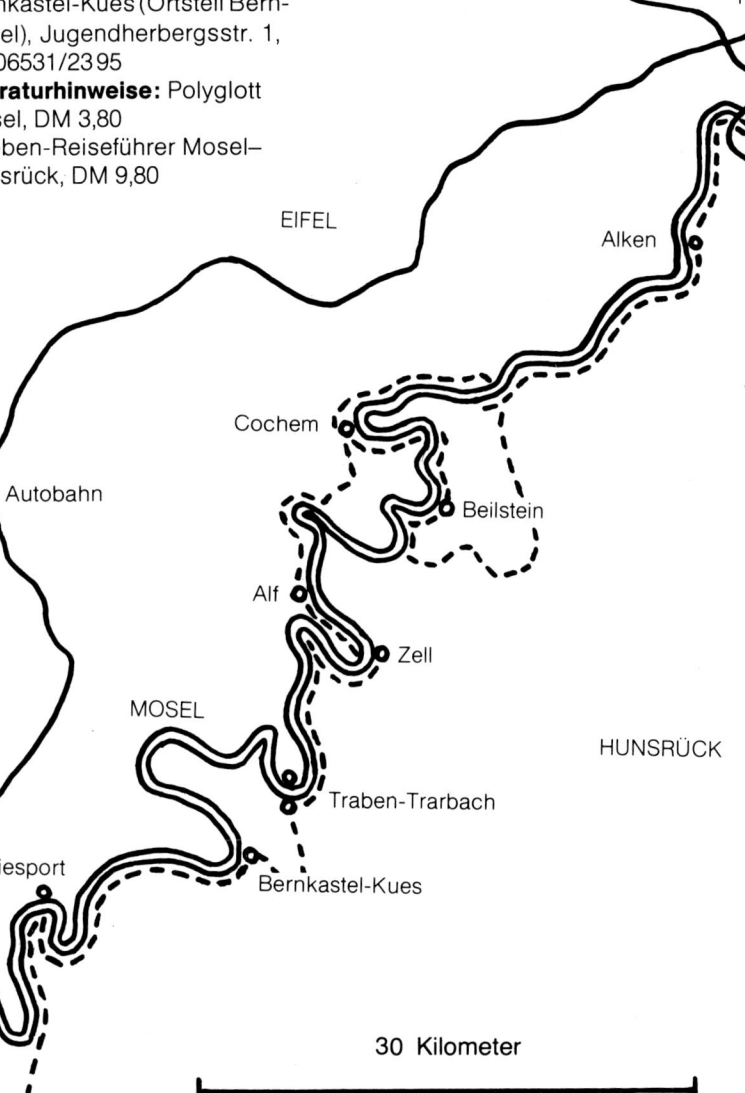

30 Kilometer

# Wir haben etwas für individuelle Urlaubserlebnisse.

# Sie sehen es hier die Transamazonika entlangfahren.

Gefahren von Markus Kmoth und fotografiert von Michael Eder irgendwo im Dschungel von Brasilien.
Beides Männer, die sichtlich individuelle Urlaubsplanung bevorzugen. Weshalb sich beide folgerichtig für eine BMW entschieden haben.
Nun ist die Schlamm- und Sandpiste längs des Amazonas nicht der einzige Weg zum nonkonformistischen Freizeit-Vergnügen.

Auch Europa, auch Deutschland bietet eine Vielzahl von Möglichkeiten, dieses prickelnde Motorrad-Erlebnis jenseits eingefahrener Bahnen zu genießen.
Wozu eine BMW traditionell eine der bestmöglichen Voraussetzungen ist:
Mit einer in vielen Jahren bis zum Extrem optimierten Tourentauglichkeit.
Mit einer auf hoher Qualität beruhenden außerordentlichen Problemlosigkeit und Zuverlässigkeit.

Dazu bietet eine BMW erstklassiges
Handling durch günstiges Gewicht, lange
Federwege und tiefen Schwerpunkt.
Die einmalige Toureneignung kennzeich-
net alle BMW Motorräder – mit unterschied-
licher Akzentuierung.
Ein Tourer mit bestmöglicher Ausrüstung
ist z. B. die R 100 RT.
Für den Touren-Fahrer mit sportlichen Am-
bitionen ist die R 100 RS ein optimales An-
gebot.
Nicht weniger häufig fällt die Wahl der Spe-
zialisten für Motorrad-Reisen auf die indivi-
duell ausstattungsfähige R 100.
Kmoth und Eder haben sich bei ihrer Süd-
amerika-Tour für die R 80 G/S entschieden.
Eine Maschine, die viel mehr als nur einen
Wunsch erfüllen kann.
Wo andere ihre Grenzen spüren, nämlich
im Gelände, zeigt die R 80 G/S ihr zweites
Gesicht.
Machen Sie sich die unbegrenzten Möglich-
keiten einer BMW R 80 G/S zu eigen.
Erleben Sie den Spaß schneller Links-
Rechts-Kombinationen auf der Straße und
das entspannte Gleiten auf Langstrecken-

touren mit einer einzigen Maschine.
Sie müssen ja nicht wie Kmoth und Eder in
den südamerikanischen Dschungel fahren, um sich selbst zu finden.

»Treten« Sie an – bei Ihrem BMW Händler.
Informationen erhalten Sie auch von
BMW Motorrad GmbH+Co, Abt.M-9-B,
Postfach 40 03 60, 8000 München 40.

BMW – Freude am Fahren.

Keine falschen Hemmungen vor dem Fotografieren. So schön lebendige Reiseerlebnisse sein mögen: wenn man zu Hause ist, freut man sich doch, hin und wieder die Erinnerungen auffrischen zu können. Am besten geeignet sind hierfür zweifelsohne Kleinbilddias. Von mehreren Firmen gibt es dafür erstaunlich gute Sucherkameras, die sogar in die Brusttasche einer Lederkombi passen. Beispiel: Minolta 35 GL und Rollei 35. Zwei Zwerge, die es in der optischen Qualität durchaus mit mancher Spiegelreflex aufnehmen können. Dem engagierten Fotografen werden sie trotzdem nicht ausreichen, denn er möchte doch ganz gerne mit einigen Wechselobjektiven arbeiten.

Gerade Motorradfahrer schrekken oft vor einer Spiegelreflex-Ausrüstung zurück. Denn auf zwei Rädern gibt es nicht nur Platzprobleme, auch die Gefahr der Beschädigung ist relativ groß. Hier einige Erfahrungen des Autors, der seine Kameras und Objektive schon über 100 000 Kilometer auf dem Motorrad mitgeschleppt hat:

Der sicherste Platz auf dem Motorrad ist der Tankrucksack. Auf schlechten Straßen werden die Geräte hier am wenigsten durchgeschüttelt, der Fahrer hat sie stets im Blickfeld (und auch griffbereit, ohne absteigen zu müssen), und selbst im Falle eines Sturzes haben die Kameras hier die größte ‚Überlebenschance‘. Am besten geeignet ist noch immer der Harro-Tankrucksack, in dem auch die umfangreichsten Fotoausrüstungen Platz finden. Das untere Flachfach eignet sich hervorragend für Filme und auch kleinere Objektive. Etwas problematischer wird dann das Packen des großen Oberteils. Hier sollte man mit dünnen Schaumstofflagen und weichen, gepolsterten Objektivköchern arbeiten.

Zu bevorzugen ist in jedem Fall eine Automatik-Kamera. Wobei ein Blendenautomat (Vorwahl der Zeit, automatische Einstellung

## Die Kamera sollte immer dabei sein

der Blende) nach meiner Erfahrung bessere Ergebnisse bringt als ein Zeitautomat (Vorwahl der Blende, automatische Einstellung der Zeit). Unbedingt empfehlenswert auf Reisen sind Zoom-Objektive. Fast von jedem Fabrikat gibt es variable Objektive mit den Brennweitenbereichen 35–70 und 80–200 mm. Wer dazu noch ein lichtstarkes Normalobjektiv mitnimmt, ist gut ausgerüstet, ohne daß er Zentnerlasten herumschleppen muß.

Neben der Optik ist allerdings auch das richtige Fotomaterial wichtig. Hier hat sich in den letzten Jahren der Dia-Film durchgesetzt. Er bietet nicht nur das beste Qualitätsniveau. Er ist auch universell verwendbar. So lassen sich von Dias sehr gute Papierabzüge und Poster machen und für eventuelle Veröffentlichungen stellen sie außerdem die optimale Lösung dar.

Einen enormen Fortschritt in der Kleinbildfotografie hat der Kodachrome 25 gebracht. Dieser extrem feinkörnige Film läßt immer mehr Profis vom unhandlichen Mittelformat auf Kleinbild umsteigen. Er überzeugt durch seine hohe Auflösung, die sehr gute Vergrößerungen zuläßt und durch seine Farbsättigung. Mit seiner geringen Empfindlichkeit von 25 ASA (15 DIN) erfordert er allerdings gute Lichtverhältnisse oder sehr lichtstarke Objektive. Als Alternative bietet sich der ‚schnellere‘ Kodachrome 64 an, bei dem man geringfügig schlechtere Auflösung und eine geringere Farbintensität in Kauf nehmen muß. Im Vergleich mit Konkurrenzfabrikaten gehört er aber immer noch zur Spitze.

Eine besonders interessante Ergänzung zum Kodachrome 25 stellt der Ektachrome 400 dar. Dieser hochempfindliche Film wurde bei seiner Einführung von

der Fachwelt einstimmig als Sensation gefeiert. Er ist in den Farben wesentlich freundlicher als der alte Ektachrome 200 und darüberhinaus im Korn trotz der höheren Empfindlichkeit besser.

Noch nach Sonnenuntergang konnte so die Aufnahme der Waschbrettpiste am Ayers Rock (S. 22) entstehen. Erst durch die 14fache Vergrößerung entstand das starke Korn, das bei dieser Stimmung allerdings nicht stört. Ähnliches gilt für die Aufnahme zwischen den Weinreben der Mosel (S. 130/131). Hier ermöglichte der Ektachrome 400 auch bei schwachem Licht die Arbeit mit einem 500-mm-Spiegelobjektiv. Selbst bei der 17fachen Vergrößerung hält sich das Korn in Grenzen. Die Möglichkeiten des 400er demonstriert auch die Innenaufnahme auf Seite 20.

Entgegen vieler Reiseführer-Ratschläge sollte man möglichst schon in Deutschland Filme kaufen. Hier hat man noch genügend Zeit, sich frisches Material zu besorgen und vor allem liegen die Preise niedriger als in fast allen anderen Ländern der Erde. Dies trifft übrigens auch für die USA zu. Moderne Filme sind nicht nur außerordentlich leistungsstark, sie sind auch recht haltbar. Über vier Wochen kann man in der Regel die Filme auch ohne Kühlung bei Höchsttemperaturen mitführen. Voraussetzung ist, daß die Hitze trocken ist. Denn der größte Feind ist die Feuchtigkeit. Die belichteten Rollen sollten daher auch stets wieder in die Kunststoff- oder Blechdosen gepackt werden.

Flugreisende werden immer wieder mit den Radarkontrollen konfrontiert. Es ist zwar richtig, daß die meisten Röntgenapparate relativ harmlos sind. Doch gänzlich einflußlos sind sie nie! Zumal sich beim häufigen Umsteigen und auch durch den Höhenflug doch kritische Röntgenstrahlen summieren können. Wer also besonderen Wert auf seine Filme legt, sollte auf eine manuelle Kontrolle bestehen.